日本正平本論語集解

三國魏 何晏集解

日本大正十一年影印正平十九年刻本

山東人民出版社·濟南

圖書在版編目（CIP）數據

日本正平本論語集解 /（三國魏）何晏集解 .— 濟南：山東人民出版社，2024.3

（儒典）

ISBN 978-7-209-14383-7

Ⅰ.①日… Ⅱ.①何… Ⅲ.①《論語》- 注釋 Ⅳ.① B222.22

中國國家版本館 CIP 數據核字（2024）第 036035 號

項目統籌：胡長青

責任編輯：劉嬌嬌

裝幀設計：武　斌

項目完成：文化藝術編輯室

日本正平本論語集解

〔三國魏〕何晏集解

主管單位　山東出版傳媒股份有限公司

出版發行　山東人民出版社

出 版 人　胡長青

社　　址　濟南市市中區舜耕路517號

郵　　編　250003

電　　話　總編室（0531）82098914

　　　　　市場部（0531）82098027

網　　址　http://www.sd-book.com.cn

印　　裝　山東華立印務有限公司

經　　銷　新華書店

規　　格　16開（160mm×240mm）

印　　張　24

字　　數　192千字

版　　次　2024年3月第1版

印　　次　2024年3月第1次

ISBN　978-7-209-14383-7

定　　價　58.00圓

《儒典》選刊工作團隊

學術顧問 杜澤遜 李振聚 徐泳
項目統籌 胡長青
責任編輯 劉晨 劉嬌嬌 張艷艷
呂士遠 趙菲 劉一星

前言

中國是一個文明古國、文化大國，中華文化源遠流長，博大精深。在中國歷史上影響較大的是孔子創立的儒家思想，因此整理儒家經典、注解儒家經典，爲儒家經典的現代化闡釋提供权威、典范、精粹的典籍文本，是推進中華優秀傳統文化創造性轉化、創新性發展的奠基性工作和重要任務。

中國經學史是中國學術史的核心，歷史上創造的文本方面和經解方面的輝煌成果，大量失傳了。西漢是經學的第一個興盛期，除了當時非主流的《詩經》毛傳以外，其他經師的注釋後來全部失傳了。東漢的經解祇有鄭玄、何休等少數人的著作留存下來，其餘也大都失傳了。南北朝至隋朝興盛的義疏之學，其成果僅有皇侃《論語疏》幸存於日本。五代時期精心校刻的《九經》、北宋時期國子監重刻的《九經》以及校刻的單疏本，也全部失傳。南宋國子監刻的單疏本，我國僅存《周易正義》、《爾雅疏》、《春秋公羊疏》（三十卷殘存七卷）、《春秋穀梁疏》（十二卷殘存七卷），日本保存了《尚書正義》、《毛詩正義》、《禮記正義》（七十卷殘存八卷）、《周禮疏》（日本傳抄本）、《春秋公羊疏》（日本傳抄本）、《春秋正義》（日本傳抄本）。南宋兩浙東路茶鹽司刻八行本，我國保存下來的有《周禮疏》、《禮記正義》、《春秋左傳正義》（紹興府刻）、《論語注疏解經》（二十卷殘存十卷）、《孟子注疏解經》（存臺北『故宫』），日本保存有《周易注疏》《尚書正義》（凡兩部，其中一部被清楊守敬購歸）。南宋福建刻十行本，我國僅存《春秋穀梁注疏》、《春秋左傳注疏》（六十卷，一半在大陸，一半在臺灣），日本保存有《毛詩注疏》《春秋左傳注疏》。從這些情況可以看出，經書代表性的早期注釋和早期版本國内失傳嚴重，有的僅保存在東鄰日本。

鑒於這樣的現實，一百多年來我國學術界、出版界努力搜集影印了多種珍貴版本，但是在系統性、全面性和準確性方面都還存在一定的差距。例如唐代開成石經共十二部經典，石碑在明代嘉靖年間地震中受到損害，明代萬曆初年西安府學等學校師生曾把損失的文字補刻在另外的小石上，立於唐碑之旁。近年影印出版唐石經拓本多次，都是以唐代石刻與明代補刻割裂配補的裱本爲底本。由於明代補刻采用的是唐碑的字形，這種配補本難以區分唐刻與明代補刻，不便使用，亟需單獨影印唐碑拓本。

爲把幸存於世的、具有代表性的早期經解成果以及早期經典文本收集起來，系統地影印出版，我們規劃了《儒典》編纂出版項目。

《儒典》出版後受到文化學術界廣泛關注和好評，爲了滿足廣大讀者的需求，現陸續出版平裝單行本。共收録一百十一種元典，共計三百九十七册，收録底本大體可分爲八個系列：經注本（以開成石經、宋刊本爲主。開成石經僅有經文，無注，但它是用經注本删去注文形成的）、經注附釋文本、纂圖互注本、單疏本、八行本、十行本、宋元人經注系列、明清人經注系列。

《儒典》是王志民、杜澤遜先生主編的。本次出版單行本，特請杜澤遜、李振聚、徐泳先生幫助酌定選目。特此説明。

二〇二四年二月二十八日

目録

論語序

敘曰漢中壘校尉劉向言魯論語
二十篇皆孔子弟子記諸善言也
太子太傅夏侯勝前將軍蕭望之
丞相韋賢及子玄成等傳之齊論
語二十二篇其二十篇中章句頗

受於魯論琅琊王卿及膠東庸生
昌邑中尉王吉皆以教之故有魯
論有齊論魯共王時嘗欲以孔子
宅為宮壞得古文論語齊論有問
王知道多於魯論二篇古論亦無
此二篇分堯曰下章子張問以為

一篇有兩子張凡二十一篇篇次
不與齊魯論同安昌侯張禹本受
魯論兼講齊說善從之號曰張侯
論爲世所貴苞氏周氏章句出焉
古論唯博士孔安國爲之訓說而
世不傳至順帝時南郡太守馬融

亦爲之訓說。漢末大司農鄭玄就
魯論篇章考之齊古以爲之註。近
故司空陳羣太常王肅博士周生
烈皆爲義說。前世傳受師說雖有
異同不爲訓解。中間爲之訓解至
于今多矣。所見不同互有得失。今

集諸家之善說記其姓名有不安
者頗爲改易名曰論語集解光祿
大夫關內侯臣孫邕光祿大夫臣
鄭沖散騎常侍中領軍安鄉亭侯
臣曹羲侍中臣荀顗尚書駙馬都
尉關內侯臣何晏等上

論語學而第一　何晏集解　凡十六章

子曰學而時習之不亦悅乎　馬融曰子者男子之通稱謂孔子也王肅曰時者學者以時誦習之誦習以時學無廢業所以爲悅懌也　有朋自遠方來不亦樂乎　包氏曰同門曰朋也　人不知而不慍不亦君子乎　慍怒也凡人有所不知君子不慍也　有子

曰孔安國曰弟子有若其爲人也孝悌而好犯上者鮮矣鮮少也上謂凡在己上者言孝悌之人必有恭順好欲犯其上者少也不好犯上而好作亂者未之有也君子務本本立而道生本基也基立而後可大成也孝悌也者其仁之本與先能事父兄然後可乃仁成也子曰巧

言令色鮮矣仁　四包氏曰巧言好其言語令色善其顔色皆欲令人説之少能有仁也

曾子曰馬融曰弟子曾參也吾日三省吾身爲人謀而不忠乎與朋友交言而不信乎傳不習乎言凡所傳之事得無素不講習而傳乎

子曰導千乘之國馬融曰導謂爲之政教也司馬法六尺爲歩歩百爲畝畝

百爲夫。夫三爲屋。屋三爲井。井十
爲通。通十爲城。城出革車一乘。然
則千乘之賦其地千城也。居地方
三百一十六里有竒。唯公侯之封
乃能容之。雖大國之賦亦不是過
焉。苞氏曰導治。千乘之國者百里
之國也。古者井田方里爲井。井十
爲乘百里之國適千乘也。馬融依
周礼。苞氏依王制。孟子。義疑。故兩存焉之

敬事而信

苞氏曰爲國者擧事必敬愼與民必誠信五也

節用而愛人

苞氏曰節用不奢侈國以民爲本故愛養也使民以時

苞氏曰作使民必以其時不妨奪農務也子曰弟子入則孝出則悌謹而信汎愛衆而親仁行有餘力則以學文馬融曰文者古之遺文也

子夏曰賢賢易色孔安國曰子夏弟子卜商也言以好色之心好賢則善也事父母能竭其力

事君能致其身孔安國曰盡忠節不愛其身也與朋友交言而有信雖曰未學吾必謂之學矣子曰君子不重則不威學則不固孔安國曰固蔽也一曰言人不敦重既無威嚴學又不能堅固識其義理也主忠信無友不如己者過則勿憚改鄭玄曰主親也憚難也曾子

曰愼終追遠民德歸厚矣。孔安國曰愼終者喪盡其哀也追遠者祭盡其敬也人君行此二者民化其德而皆歸於厚也

子禽問於子貢曰夫子至於是邦也必聞其政求之與抑與之與。鄭玄曰子禽弟子陳亢也子貢弟子姓端木名賜字子貢也亢怪孔子所至之邦必與聞其邦政求而得邪抑人君自願與爲治也

子貢曰夫子溫良恭儉讓以得之夫子之求也其諸異乎人求之與鄭玄曰言夫子行此五德而得之與人求異明人君自願與為治也

子曰父在觀其志父沒觀其行孔安國曰父在子不得自專故觀其志而已父沒乃觀其行也三年無改於父之道可謂孝矣孔安國曰孝子

在喪哀慕猶若父在無所改於父之道也有子曰禮之用和爲貴先王之道斯爲美小大由之有所不行知和而和不以禮節之亦不可行也馬融曰人知禮貴和而每事從之不以禮爲節亦不可行也有子曰信近於義言可復也復猶覆也義不必信信不必義也以其言可反

覆故曰近於義也恭近於禮遠恥辱也[illegible]氏曰恭不合禮非禮也以其能遠恥辱故曰近於禮也因不失其親亦可宗也孔安國曰因親也言所親不失其親亦可宗敬也子曰君子食無求飽居無求安鄭玄曰學者之志有所不暇也敏於事而愼於言就有道而正焉可謂好學也

已矣孔安國曰敏疾也有道有道德者也正謂問事是非也
子貢曰貧而無諂富而無驕何如
子曰可也孔安國曰未足多也未若貧而樂
道富而好禮者也鄭玄曰樂謂志於道不以貧賤
爲憂苦也子貢曰詩云如切如磋如琢
如磨其斯之謂與孔安國曰能貧而樂道富而好

禮能自切磋琢磨者也子曰賜也始可與言詩已矣告諸往而知來者也孔安國曰諸之也子貢知引詩以成孔子義善取類也故然之往告以貧而樂道來荅以切磋琢磨者子曰不患人之不已知患已不知人也

論語為政第二

何晏集解　九廿四章

子曰爲政以德譬如北辰居其所
而衆星共之苞氏曰德者無爲譬猶北辰之不移而衆
星共之子曰詩三百孔安國曰篇之大數也一
言以蔽之苞氏曰蔽猶當也曰思無邪苞氏
曰歸於正子曰道之以政孔安國曰政謂法教齊
之以刑馬融曰齊整之以刑罰也民免而無恥

孔安國曰苟免罪也導之以德包氏曰德謂道德齊

之以禮有恥且格格者正也子曰吾十

有五而志乎學三十而立有所成立也

四十而不惑孔安國曰不疑惑也五十而知

天命孔安國曰知天命之終始也六十而耳順

鄭玄曰耳聞其言而知其微旨也七十而縱心所

欲不踰矩　馬融曰矩法也縱心所欲無非法也　孟懿子問孝　孔安國曰魯大夫仲孫何忌懿謚也　子曰無違　樊遲御子告之曰孟孫問孝於我我對曰無違　鄭玄曰孟孫不曉無違意將問於樊遲故告之樊遲弟子樊須也　樊遲曰何謂也子曰生事之以禮死葬之以禮祭之

以禮。孟武伯問孝。子曰、父母唯其疾之憂。馬融曰、武伯懿子之子仲孫彘也。武謚也。言孝子不妄爲非、唯疾病然後使父母憂耳也。子游問孝。孔安國曰、子游弟子也。姓言名偃也。子曰、今之孝者、是謂能養。至於犬馬、皆能有養。不敬何以別乎。包氏曰、犬以守禦、馬以代勞、能養人者也。一曰、人之所

養。乃能至於犬馬不敬則無以別孟子曰養而弗愛豕畜也愛而弗敬也獸畜也

子夏問孝。子曰色難色難謂承望父母顏色乃為難也

有事弟子服其勞。有酒食先生饌馬融曰先生謂父兄饌飲食也

曾是以為孝乎馬融曰孔子喻子夏曰服勞先食汝謂此為孝乎。未足為孝也承順父母顏色。乃為孝耳也

子曰吾與

回言終日不違如愚孔安國曰回弟子也姓顏字子淵魯人也不違者無所怪問於孔子之言默而識之如愚也退而省其私亦足以發回也不愚孔安國曰察其退還與二三子說釋道義發明大體知其不愚也

子曰視其所以以用也言視所其行用也觀其所由由經也言觀其所經從也察其所安人焉

廋哉。人焉廋哉。孔安國曰廋匿也言觀人終始安有所匿其情也

子曰溫故而知新可以爲師矣。溫尋也尋繹故者又知新可以爲師也

子曰君子不器。苞氏曰器者各周其用至於君子無所不施也

子貢問君子。子曰先行其言而後從之。孔安國曰疾小人多言而行不周也

子曰君子周

而不比孔安國曰忠信爲周阿黨爲比也小人比而不周子曰學而不思則罔包氏曰學而不尋思其義理則罔然無所得之也思而不學則殆不學而思終卒不得使人精神疲殆也子曰攻乎異端斯害也已矣攻治也善道有統故殊塗而同歸異端不同歸也子曰由誨汝知之乎孔安國曰由弟

子也姓仲名由字子路也知之爲知之不知爲不知是知也子張學干祿鄭玄曰子張弟子姓顓孫名師字子張干求也祿祿位也子曰多聞闕疑愼言其餘則寡尤苞氏曰尤過也疑則闕之其餘不疑猶愼言之則少過也多見闕殆愼行其餘則寡悔苞氏曰殆危也所見危者闕而不行則少悔也

言寡尤。行寡悔。祿在其中矣。鄭玄曰言行如此雖不得祿得祿之道也。

哀公問曰。何爲則民服。包氏曰哀公魯君之謚也。孔子對曰。舉直錯諸枉。則民服。包氏曰錯置也舉用正直之人廢置邪枉之人則民服其上也。舉枉錯諸直。則民不服。

十四

季康子問。使民敬忠以勸。如之

何孔安國曰魯卿季孫肥也康諡也子曰臨之以莊則敬苞氏曰莊嚴也君臨民以嚴則民敬其上也孝慈則忠苞氏曰君能上孝於親下慈於民則民忠也舉善而教不能則民勸苞氏曰舉用善人而教不能者則民勸也或謂孔子曰子奚不爲政苞氏曰或人以爲居位乃是爲政也子曰書云孝乎

惟孝友于兄弟施於有政是亦爲
政也奚其爲爲政也 苞氏曰孝乎
惟孝美孝之辭也友于兄弟善於兄弟施行也
所行有政道即是與爲政同也
子曰人而無信不知其可也 孔安國曰
言人而無信其
餘終無可也 大車無輗小車無
軏其何以行之哉 苞氏曰大車牛
車輗者轅端
圭五

攢木以縛枙者也小車四馬車也軏者轅端上曲拘衡者也子張問十世可知也孔安國曰文質禮變也子曰殷因於夏禮所損益可知也周因於殷禮所損益可知也馬融曰所因謂三綱五常也所損益謂文質三統也其或繼周者雖百世亦可知馬融曰物類相招勢數相生其變有常故

可豫知也子曰非其鬼而祭之諂也鄭玄曰人神曰鬼非其祖考而祭之是諂以求福也見義不為無勇孔安國曰義者所宜為也而不能為是無勇也

論語卷第一

經一千四百七十字

註一千五百一十三字

論語八佾第三　何晏集解　凡廿六章

孔子謂季氏八佾舞於庭是可忍也孰不可忍也　馬融曰孰誰也佾列也天子八佾諸侯六卿大夫四士二八人爲列八八六十四人也魯以周公故受王者禮樂有八佾之舞今季桓子僭於其家廟僭之故孔子譏之也

三家者以雍徹　馬融曰三家者謂仲孫叔孫季孫也

雍周頌臣工篇名也天子祭於宗廟歌之以徹祭今三家亦作此樂者也

子曰相維辟公天子穆穆奚取於三家之堂

苞氏曰辟公謂諸侯及二王之後也穆穆天子之容也雍篇歌此者有諸侯及二王之後來助祭故也今三家但家臣而已何取此義而作之於堂邪也

子曰人而不仁如禮何人而不仁如樂何

苞氏曰言

人而不仁必不能行禮樂也　林放問禮之本　鄭玄曰林放魯人也　子曰大哉問禮與其奢也寧儉喪與其易也寧戚　苞氏曰易和易也言禮之本意失於奢不如儉也喪失於和易不如哀戚也　子曰夷狄之有君不如諸夏之亡也　苞氏曰諸夏中國也亡無也　季氏旅於泰山子謂

冉有曰。汝不能救與。馬融曰旅祭名也。禮諸侯祭山川在其封内者。今陪臣祭泰山。非禮也。冉有弟子。冉求也。時仕於季氏。救猶止也對曰。不能。子曰。嗚呼曾謂泰山不如林放乎。包氏曰神不享非禮。林放尚知禮。泰山之神反不如林放邪。欲誣而祭之子曰。君子無所爭。必也射乎。孔安國曰言於射而後有爭也

揖讓而升下而飲王肅曰射於堂升及下皆揖讓而相飲也其爭也君子馬融曰多筭飲少筭君子之所爭也

子夏問曰巧笑倩兮美目盼兮素以爲絢兮何謂也馬融曰倩笑皃盼動目皃也絢文皃也此上二句在衛風碩人二章其下一句逸也子曰繪事後素鄭玄曰繪畫文也凡畫繪先布衆色然後以素

分其間以成其文喻美女雖有倩盼美質亦須禮以成之也曰

禮後乎孔安國曰孔子言繪事後素子夏聞而解知以素喻禮故曰禮後乎子曰起予者商也始可與

言詩已矣包氏曰予我也孔子言子夏能發明我意可與共言詩已矣子曰夏禮吾能言之杞不

足徵殷禮吾能言之宋不足徵也

苞氏曰徵成也杞宋二國名也夏殷之後也夏殷之礼吾能說之杞宋之君不足以成之也

文獻不足故也足則吾能徵之矣

鄭玄曰獻猶賢也我能不以其礼成之者以此二國之君文章賢才不足故也

子曰禘自既灌而往者吾不欲觀之矣

孔安國曰禘祫之礼為序昭穆也故毀廟之主及群廟之主皆合食於太祖灌者酌鬱鬯

灌於太祖以降神也既灌之後別尊卑序昭穆而魯逆祀躋僖公亂昭穆故不欲觀之矣或問禘之說子曰不知也孔安國曰荅以不知者為魯君諱也知其說者之於天下也其如示諸斯乎指其掌包氏曰孔子謂或人言知禘禮之說者於天下之事如指示以掌中之物言其易了也祭如在孔安國曰言事死如事生也

祭神如神在孔安國曰謂祭百神也子曰吾不與祭如不祭包氏曰孔子或出或病而不自親祭使攝者爲之不致敬於心與不祭同也王孫賈問曰與其媚於奧寧媚於竈何謂也孔安國曰王孫賈衛大夫也奧內也以喩近臣也竈以喩執政也賈者執政者也欲使孔子求昵之故微以世俗之言感動之子曰不

然獲罪於天無所禱也孔安國曰天以喻君孔子距之曰如獲罪於天無所禱於衆神也子曰周監於二代郁郁乎文哉吾從周孔安國曰監視也言周文章備於二代當從周也子入太廟包氏曰太廟周公廟也孔子仕魯魯祭周公而助祭也每事問

或曰孰謂鄹人之子知禮乎入大

廟每事問孔安國曰鄹孔子父叔梁紇所治邑也時人多言孔子知礼或人以爲子聞之曰知礼者不當復問也是禮也孔安國曰雖知之當復問愼之至也子曰射不主皮馬融曰射有五善焉一曰和志體和也二曰和容有容儀也三曰主皮能中質也四曰和頌合雅頌也五曰興舞與舞同也天子有三侯以熊虎豹皮爲之言射者不但以中皮爲善亦兼取

和容也

爲力不同科古之道也馬融曰爲力爲力役之事也亦有上中下設三科焉故曰不同科之也

子貢欲去告朔之餼羊鄭玄曰牲生曰餼禮人君每月告朔於廟有祭謂之朝享也魯自文公始不視朔子貢見其礼廢故欲去其羊也

子曰賜也汝愛其羊我愛其禮包氏曰羊在猶所以識其礼也羊亡礼遂廢也

子

曰事君盡禮人以爲諂孔安國曰時事君者多無禮故以有禮者爲諂也定公問君使臣臣事君如之何孔安國曰定公魯君謚也時臣失禮定公患之故問也孔子對曰君使臣以禮臣事君以忠子曰關雎樂而不淫哀而不傷孔安國曰樂而不至淫哀而不至傷言其和也

公問社於宰我。宰我對曰。夏后氏以松。殷人以柏。周人以栗。曰。使民戰栗也。
孔安國曰。凡建邦立社。各以其土所宜之木。宰我不本其意。妄爲之說。因周用栗便云。使民戰栗之也。
子聞之曰。成事不說。
包氏曰。事已成不可復解說也。
遂事不諫。
包氏曰。事已遂不可復諫止也。
既往不咎。
包氏

日事已往不可復追非咎也孔子
非宰我故歷言三者欲使慎其後
也

子曰管仲之器小哉 言其器或
量不也

曰管仲儉乎 管氏曰或人見孔子
不之以為謂之太儉
也

曰管氏有三歸官事不攝焉得
儉乎 管氏曰三歸娶三姓女也婦
人謂嫁為歸攝猶兼也礼國
君事天官各有人大夫并兼
今管仲家臣備職非為儉也 曰然

則管仲知禮乎

苞氏曰或人以儉問故荅以安得儉

或人聞不儉更謂爲得礼也

曰邦君樹塞門管氏亦樹塞門邦君爲兩君之好有反坫管氏亦有反坫

鄭玄曰反坫反爵之坫也

在兩楹之間人君有別外内於門樹屏以蔽之也若與鄰國君爲好會其獻酢之礼更酌酌畢則各反爵於坫上今管仲皆僭爲之如是

是不知礼也管氏而知礼孰不知礼子

語魯太師樂曰樂其可知已也始

作翕如也大師樂官名也五音始奏翕如盛也從之

純如也從讀曰縱言五音既發放縱盡其聲純純和諧也

皦如也言其音節明也繹如也以成縱之以純

如皦如繹如言樂始於翕如而成於三也儀封人請見

鄭玄曰儀蓋衛邑也。封人官名也　曰君子之至於斯者。吾未嘗不得見也。從者見之

包氏曰從者弟子隨孔子行者也通使得見也　出曰。二三子何患於喪乎。天下之無道久矣

孔安國曰語諸弟子言。何患於夫子聖德之將喪亡耶。天下之無道已久矣。極衰必有盛也　天將以夫子為木鐸

孔安國曰木鐸施政教之時所振也言天將命孔子制法度以号令於天下也

子謂韶盡美矣又盡善也

孔安國曰韶舜樂也謂以聖德受禪故曰盡善也

謂武盡美矣未盡善也

孔安國曰武武王樂也以征伐取天下故曰未盡善也

子曰居上不寬爲禮不敬臨喪不哀吾何以觀之哉

論語里仁第四　何晏集解　凡廿六章

子曰里仁爲善　鄭玄曰里者民之所居也居於仁者之里是爲善也　擇不處仁焉得智　鄭玄曰求善居而不處仁者之里不得爲有智也

子曰不仁者不可以久處約　孔安國曰久困則爲非也　不可以長處樂　孔安國曰必驕佚也　仁者安仁　包氏曰唯

性仁者自然體之故謂安仁也智者利仁王肅曰知仁爲美故利行之也子曰唯仁者能好人能惡人孔安國曰唯仁者能審人好惡也子曰苟志於仁矣無惡孔安國曰苟誠也言誠能志於仁者則其餘無惡也子曰富與貴是人之所欲也不以其道得之不處也孔安國曰不以其道得富

貴不處也 貧與賤是人之所惡不以其
道得之不去 時有否泰故君子履道而反貧賤此則不
以其道而得之者也雖是人之所惡不可違而去也 君子去
仁惡乎成名 孔安國曰惡乎成名者不得成名爲君子
也 君子無終食之間違仁造次必
於是顛沛必於是 馬融曰造次急遽也顛沛僵仆

也雖急遽僵仆不違於仁也子曰我未見好仁者惡不仁者好仁者無以尚之孔安國曰難復加也惡不仁者其爲仁矣不使不仁者加乎其身孔安國曰言惡不仁者能使不仁者不加非義於己不如好仁者無以加尚爲之優也有能一日用其力於仁矣乎我未見力

不足者也　孔安國曰言人無能一
日用其力脩仁者耳我
未見欲爲仁而
力不足者也
蓋有之乎我未之
見也
孔安國曰謙不欲盡誣時人
言不能爲仁故云爲能有耳
其我未
見也
子曰民之過也各於其黨
觀過斯知仁矣
孔安國曰黨黨類
也小人不能爲君
子之行非小人之過也當恕而勿
責之觀過使賢愚各當其所則爲

仁之也 子曰朝聞道夕死可矣 言將至死不聞世之有道也 子曰士志於道而恥惡衣惡食者未足與議也 子曰君子之於天下也無適也無莫也義之與比也 言君子於天下無適無莫無所貪慕也唯義之所在也

子曰君子懷徳 孔安國曰懷安也 小人

懷土（孔安國曰重遷也）君子懷刑（孔安國曰安於法也）小人懷惠（苞氏曰惠恩惠也）子曰放於利而行（孔安國曰放依也每事依利而行也）多怨（孔安國曰取怨之道也）子曰能以禮讓為國乎何有（何有者言不難之也）不能以禮讓為國如禮何（苞氏曰如礼何者言不能用礼也）子曰不

患無位患所以立不患莫己知也

求爲可知也包氏曰求善道而學行之則人知己也

子曰參乎吾道一以貫之哉曾子

曰唯孔安國曰直曉不問故荅曰唯也子出門人

問曰何謂也曾子曰夫子之道忠

恕而已矣子曰君子喩於義小人

喻於利孔安國曰喻猶曉也子曰見賢思齊焉苞氏曰思與賢者等也見不賢者而內自省也子曰事父母幾諫苞氏曰幾微也當微諫納善言於父母也見志不從又敬不違勞而不怨苞氏曰見志者見父母志有不從己諫之色則又當恭敬不敢違父母意而遂己諫也子曰父母在子不

遠遊。遊必有方。鄭玄曰方猶常也子曰三年無改於父之道。可謂孝矣。鄭玄曰孝子在喪哀慼思慕。無改其父之道。非心所忍為也子曰父母之年不可不知也。一則以喜。一則以懼。孔安國曰見其壽考則喜。見其衰老。則懼之也子曰古者言之不出也。恥躬之不逮

也包氏曰古之人言不妄出口者爲恥其身行之將不及也子

曰以約失之者鮮矣孔安國曰俱不得中也奢則驕溢則招禍儉約則無憂患也子曰君子欲訥

於言而敏於行包氏曰訥遲鈍也言欲遲鈍而行欲敏也

子曰德不孤必有鄰方以類聚同志相求故必有鄰也是以不孤也

子游曰事君數斯辱

矣。朋友數斯疏矣

數謂速數之數也

論語卷第二

經一千二百一十二字

注一千九百三十一字

論語公冶長第五　何晏集解 凡廿九章

子謂公冶長可妻也。雖在縲紲之中非其罪也。以其子妻之 孔安國曰公冶長弟子魯人也。姓公冶名長也。縲黒索紲攣也所以拘於罪人也

子謂南容。邦有道不廢。邦無道免於刑戮以其兄之子妻之 王肅曰南容弟

子南宮縚也魯人也字子容不廢言見任用也子謂子賤孔安國曰子賤魯人弟子宓不齊也君子哉若人魯無君子者斯焉取斯苞氏曰若人者此人也如魯無君子子賤安得此行而學行之子貢問曰賜也如何子曰汝器也孔安國曰言汝器用之人也曰何器也曰瑚璉也苞氏曰瑚璉者黍稷之器

也夏曰瑚殷曰璉周曰簠簋宗廟器之貴者也或曰雍也仁而不佞馬融曰雍弟子仲弓名也姓冉也子曰焉用佞也禦人以給屢憎民不知其仁也焉用佞也孔安國曰屢數也佞人口辭捷給數爲民之所憎之也子使漆彫開仕對曰吾斯之未能信孔安國曰開弟子也漆彫姓也開名

也仕進之道未能信者未能究習也子說鄭玄曰喜其志道之深也子曰道不行乘桴浮於海從我者其由也與馬融曰桴編竹木也大者曰筏小者曰桴子路聞之喜孔安國曰喜與己俱行矣子曰由也好勇過我無所取材鄭玄曰子路信夫子欲行故言好勇過我也無所取材者言無所取桴材也以子路不解

微言故戲之耳也一曰子路聞孔子欲浮海便喜不復顧望故孔子歎其勇曰過我無所復取哉言唯取於已也古字材哉同

孟武伯問子路仁乎子曰不知也孔安國曰仁道至天不可全名也又問子曰由也千乘之國可使治其賦也孔安國曰賦兵賦也不知其仁也求也何如子曰求也千

室之邑百乘之家可使爲之宰也

孔安國曰千室之邑卿大夫之邑也卿大夫稱家諸侯千乘卿大夫故曰百乘也宰家臣也

不知其仁也赤也何如子曰赤也束帶立於朝可使與賓客言也

馬融曰赤弟子公西華也有容儀可使爲行人之也

不知其仁也子謂子貢曰女與

回也孰愈孔安國曰愈猶勝也對曰賜也何敢望回回也聞一以知十賜也聞一以知二子曰弗如也吾與女弗如也苞氏曰既然子貢弗如復云吾與女俱不如者蓋欲以慰子貢心也宰予晝寢苞氏曰宰予弟子宰我也子曰朽木不可彫也苞氏曰朽腐也彫彫琢刻畫也糞

土之牆不可杇也王肅曰杇槾也工者喩雖施功猶不成也於予與何誅孔安國曰誅責也今我當何責於汝乎深責之辭也子曰始吾於人也聽其言而信其行今吾於人也聽其言而觀其行於予與改是孔安國曰改是始聽言信行今更察言觀行發於宰我之晝寢也子曰吾未

見剛者或對曰申棖包氏曰申棖魯人也子
曰棖也慾焉得剛孔安國曰慾多情慾之也子
貢曰我不欲人之加諸我也吾亦
欲無加諸人也馬融曰加陵也子曰賜也
非爾所及也孔安國曰言不能止人使不加非義於已
之也子貢曰夫子之文章可得而聞

也章明也文彩形質著見可得以耳目循也夫子之言性與天道不可得而聞也已矣性者人之所受以生也天道者元亨日新之道也深微故不可得而聞也

子路有聞未能行唯恐有聞孔安國曰前所聞未及得行故恐後有聞不得並行也

子貢問曰孔文子何以謂之文也孔安國曰孔文子衛

大夫孔叔圉也文謚也子曰敏而好學不恥下問是以謂之文也孔安國曰敏者識之疾也下問凡在己下者也子謂子產有君子之道四焉孔安國曰子產鄭大夫公孫僑也其行己也恭其事上也敬其養民也惠其使民也義子曰晏平仲善與人交

久而人敬之 周生烈曰齊大夫晏姓也平謚也名嬰也

子曰臧文仲居蔡 苞氏曰臧文仲魯大夫臧孫辰

也文謚也蔡國君之守龜也出蔡

地因以爲名焉長尺有二寸居蔡

僭也 山節藻梲 苞氏曰節者栭也刻鏤爲山也梲者梁上

之楹畫爲藻文也言其奢侈也 何如其知也 孔安國曰

非時人謂以爲知之 子張問曰令尹子文 孔安

（國曰令尹子文楚大夫姓鬭名穀於菟也）三仕爲令尹
無喜色三已之無慍色舊令尹之
政必以告新令尹何如也子曰忠
矣曰仁矣乎曰未知焉得仁（孔安國曰
但聞其忠事未知其仁也）崔子弑齊君陳文子
有馬十乘棄而違之（孔安國曰皆齊大夫也崔

杼作乱陳文子惡之捐四十匹馬違而去之

至於他邦則又曰猶吾大夫崔子也違之至一邦則又曰猶吾大夫崔子也違之何如子曰清矣曰仁矣乎曰未知焉得仁

孔安國曰文子避惡逆無道求有道當春秋時臣淩其君皆如崔子無有可者也

季文子三思而

後行子聞之曰再思斯可矣鄭玄曰季文子魯大夫季孫行父也文謚也文子忠而有賢行其舉事寡過不必及三思之也子曰甯武子馬融曰衛大夫甯兪也武謚也邦有道則知邦無道則愚其知可及也其愚不可及也孔安國曰詐愚似實故曰不可及也子在陳曰歸與歸與吾黨

之小子狂簡斐然成章不知所以裁之也孔安國曰簡大也孔子在陳思歸欲去曰吾黨之小子狂者進取於大道妄穿鑿以成文章不知所以裁制我當歸以裁制之耳遂歸也

子曰伯夷叔齊不念舊惡怨是用希孔安國曰伯夷叔齊孤竹君之二子也孤竹國名也

子曰孰謂微生高直孔安國曰微生姓也

名高魯人也或乞醯焉乞諸其鄰而與之孔安國曰乞之四鄰以應求者用意委曲非為直人也子曰巧言令色足恭孔安國曰足恭便僻之貌也左丘明恥之丘亦恥之孔安國曰左丘明魯大夫也匿怨而友其人孔安國曰心內相怨而外詐親也左丘明恥之丘亦恥之顏淵

季路侍子曰盍各言爾志子路曰願車馬衣輕裘與朋友共敝之而無憾（孔安國曰憾恨也）顏淵曰願無伐善（孔安國曰自無稱己之善也）無施勞（孔安國曰無以勞事置施於人也）子路曰願聞子之志子曰老者安之朋友信之少者懷之子

曰已矣乎吾未見能見其過而內自訟者也苞氏曰訟猶責也言人有過莫能自責也子曰十室之邑必有忠信如丘者焉不如丘之好學者也

論語雍也第六　何晏集解　凡卅章

子曰雍也可使南面也苞氏曰可使南面者

言任諸侯可使治國也

仲弓問子桑伯子　王肅曰伯子書傳無見焉

子曰可也簡　以其能簡故曰可也

仲弓曰居敬而行簡以臨其民不亦可乎　孔安國曰居身敬肅臨下寬略則可也

居簡而行簡無乃大簡乎　苞氏曰伯子之簡大簡也

子曰雍之言然哀公問曰弟子孰

爲好學。孔子對曰、有顏回者、好學。

不遷怒、不貳過。不幸短命死矣。今

也則亡。未聞好學者也。凡人任情、喜怒違理、

顏淵任道、怒不過分。遷者移也。怒

當其理、不移易也。不貳過者、有不

善未嘗復行也。子華使於齊。冉子爲其母

請粟。子曰、與之釜。馬融曰、子華弟子公西華赤之字。

也六斗四升曰釜也請益。曰與之庾苞氏曰十六斗爲庾也冉子與之粟五秉馬融曰十六斛曰秉五秉合八十斛也子曰赤之適齊也乘肥馬衣輕裘吾聞之也君子周急不繼富鄭玄曰非冉有與之太多也原思爲之宰苞氏曰弟子原憲也思字也孔子爲魯司寇以原憲爲家邑宰也

與之粟九百辭 孔安國曰九百九百斗也辭讓不受

也 子曰毋 孔安國曰祿法所當受毋以讓也 以與

爾隣里鄉黨乎 鄭玄曰五家為鄰五鄰為里万二千

五百家為鄉五百家為黨也 子謂仲弓曰犂牛

之子騂且角雖欲勿用山川其舍

諸 犂雜文也騂赤色角者角周正中犧牲也雖欲以其所生犂而勿

不用山川寧肯舍之乎言父雖不善不害於其子之美也子曰回也其心三月不違仁其餘則日月至焉而已矣言餘人暫有至仁時唯回移時而不變也季康子問仲由可使從政也與子曰由也果苞氏曰果謂果敢決斷也於從政乎何有曰賜也可使從政也與子

曰賜也達孔安國曰達謂通於物理也於從政

乎何有曰求也可使從政也與子

曰求也藝孔安國曰藝謂多才能也於從政乎

何有季氏使閔子騫為費宰孔安國曰

費季氏邑也季氏不臣而其邑宰數畔聞閔子騫賢故欲用之也閔

子騫曰善為我辭焉孔安國曰不欲為季氏宰

語使者曰善爲我作辭記令不復召我之也如有復我者孔安國曰復我者重來召我也則吾必在汶上矣孔安國曰去之汶水上欲北如齊也

伯牛有疾馬融曰伯牛弟子冉耕也子問之自牖執其手苞氏曰有惡疾不欲見人故孔子從牖執其手也曰亡之孔安國曰亡喪也疾甚故持其手曰喪之也命矣夫斯人

也而有斯疾也斯人也而有斯疾也苞氏曰再言之者痛惜之甚也子曰賢哉回也一簞食一瓢飲孔安國曰簞笥瓢瓠也在陋巷人不堪其憂回也不改其樂賢哉回也孔安國曰顏淵樂道雖簞食在陋巷不改其所樂也冉有曰非不說子之道也力不足

也子曰力不足者中道而廢今女畫孔安國曰畫止也力不足者當中道而廢今女自止耳非力極之也子謂子夏曰女為君子儒毋為小人儒君子為儒將以明道小人為儒則矜其名也子游為武城宰苞氏曰武城魯下邑也子曰女得人焉耳乎哉孔安國曰焉耳乎哉皆辭也曰有

澹臺滅明者行不由徑非公事未
嘗至於偃之室也　苞氏曰澹臺姓滅明名也字子羽言其公且方也
子曰孟之反不伐　孔安國曰魯大夫孟之側也與齊戰軍大敗不伐者不自伐其功也
奔而殿將入門策其馬曰非敢後也馬
不進也　馬融曰殿在軍後者也前曰啓後曰殿孟之反賢而

有勇。軍大奔。猶爲殿。人迎功之。不欲獨有其名。故曰我非敢在後。距敵也馬不能進也

子曰不有祝鮀之佞。而有宋朝之美。難乎免於今之世矣

孔安國曰佞口才也。祝鮀衛大夫子魚也。時世貴之。宋朝宋國之美人也。而善淫。言當如祝鮀佞而反如宋朝之美難矣免於今世之害也

子曰誰能出不由戶者。何莫由

斯道也 言人立身成功當由道譬猶人出入要當從戸也

子曰質勝文則野 苞氏曰野如野人言鄙略也

文勝質則史 苞氏曰史者文多而質少也 文質

彬彬然後君子 苞氏曰彬彬文質相半之貌也 子

曰人之生也直 馬融曰言人之所以生於世而自終

者以其正直之道也 三 十六 罔之生也幸而免 苞氏曰誣

罔一直之道而亦生是幸而免也　子曰知者不如

好之者好之者不如樂之者　包氏曰學問知之者不如好之者篤好之者又不如樂之者深也　子曰

中人以上可以語上也中人以下

不可以語上也　王肅曰上謂上知之所知也兩舉中人以其可上可下也　樊遲問知子曰務民之

義（王肅曰務所以化導民之義也）敬鬼神而遠之可謂知矣（苞氏曰敬鬼神而不瀆也）問仁子曰仁者先難而後獲可謂仁矣（孔安國曰先勞苦乃得功此所以爲仁也）子曰知者樂水（苞氏曰知者樂運其才知以治世如水流而不知已之也）仁者樂山（仁者樂如山之安固自然不動而万物生焉也）知者動

苞氏曰自進故動也仁者靜孔安國曰無欲故靜也知者樂鄭玄曰知者自役得其志故樂之也仁者壽苞氏曰性靜故壽考也子曰齊一變至於魯魯一變至於道苞氏曰言齊魯有太公周公之餘化也太公大賢周公聖人也今其政教雖衰若有明君興之者齊可使如魯魯可使如大道行之時之也子曰觚不觚馬融曰觚

礼器也一升曰爵二升曰觚也觚哉觚哉觚哉觚哉言非觚也以喻為政不得其道則不成也宰我問曰仁者雖告之曰井有仁者焉其從之也孔安國曰宰我以為仁者必濟人於患難故問有仁人墮井將自投下而出之乎否乎欲極觀仁人憂樂之所至也子曰何為其然也君子可逝也不可陷也

邑氏曰逝往也言君子可使往視之耳不肯自投從之也可欺

也不可罔也馬融曰可欺者可使往也不可罔者不可

得誣罔令自投下也子曰君子博學於文約

之以禮亦可以弗畔矣夫鄭玄曰弗畔不

違道也子見南子子路不說夫子矢

之曰予所否者天厭之天厭之孔安

國曰寺以爲南子者衞靈公夫人也淫亂而靈公惑之孔子見之者欲因以說靈公使行治道也矢誓也子路不說故夫子誓之曰行道既非婦人之事而弟子不說與之咒誓義可疑也

子曰中庸之爲德也其至矣乎民鮮久矣

庸常也中和可常行之德也世亂先王之道廢民鮮能行此道久矣非適今也

子貢曰如能博施於民而能

濟衆者何如可謂仁乎子曰何事於仁必也聖乎堯舜其猶病諸孔安國曰若能廣施恩惠濟民於患難堯舜至聖猶病其難也夫仁者己欲立而立人己欲達而達人能近取譬可謂仁之方也已孔安國曰更為子貢說仁者之行也方道也但能近取譬於己皆恕己所不欲

而勿施於
人之也

論語卷第三　經一千七百一十一字
註二千八百二十字

三卷　　下

明應甲寅孟冬初三日如敎加朱墨點畢　春

長享第三曆林鐘十八日自

儲皇竹園賜之可秘〻〻

亜相拾遺郎藤

此一部諸大外記師富朝臣〻訓説

并見合清家〻本、寫朱墨〻點加

随分〻琢磨者也猶以可秘〻〻

論語述而第七　何晏集解　舊卅九章 今卅八章

子曰述而不作信而好古竊比於我老彭苞氏曰老彭殷賢大夫也好述古事我若老彭但述之耳也子曰默而識之學而不厭誨人不倦何有於我哉鄭玄曰人無有是行於我我獨有之子曰德之不脩也學之不

講學聞義不能徙也不善不能改也是吾憂也 孔安國曰夫子常以此四者爲憂也

子之燕居申申如也夭夭如也 馬融曰申申夭夭和舒之皃也

子曰甚矣吾衰也久矣吾不復夢見周公也 孔安國曰孔子衰老不復夢見周公也明盛時夢見周公欲行其道也

子曰志於

道〔志慕也。道不可體，故志之而已矣也〕據於德〔據杖也。德有成形，故可據也〕依於仁〔依倚也。仁者功施於人，故可倚之也〕遊於藝〔藝六藝也。不足據依，故曰遊也〕子曰：自行束脩以上，吾未嘗無誨焉〔孔安國曰：言人能奉禮，自行束脩以上，則皆教誨之也〕子曰：不憤不啓，不悱不發，舉一隅而示之不以三隅反。則吾不復也。鄭玄曰。孔子與人言。必待其人心憤憤。口悱悱。乃後啓發為之說也。如此則識思之深也。說則舉一隅以語之。其人不思其類。則不復重教之也。

子食於有喪者之側。未嘗飽也。喪者哀戚。飽食於其側。是無惻隱之心也。

子於是日也哭。則不歌。

子謂顏淵曰。用之則行。舍之則

藏。唯我與爾有是夫孔安國曰言可行則行可止則止。唯我與顏淵同耳也子路曰子行三軍則誰與孔安國曰大國三軍。子路見孔子獨美顏淵以爲己有勇至於夫子爲三軍將。亦當唯有與己。俱故發此問也子曰暴虎憑河死而無悔者吾不與也孔安國曰暴虎徒搏也。馮河徒涉也臨事而懼

好謀而成者也子曰富而可求也
雖執鞭之士吾亦爲之鄭玄曰富貴不可求
而得者也當脩德以得之矣若於道可求者雖執鞭賤職我亦爲之
矣如不可求者從吾所好孔安國曰所好
者古人之道也子之所慎齊戰疾孔安國曰此三
者人所不能慎而夫子能慎之也子在齊聞韶樂

三月不知肉味（周生烈曰孔子在齊聞習韶樂之盛美故忘於肉味也）曰不圖爲樂之至於斯也（王肅曰爲作也不圖作韶樂至於此此齊也）冉有曰夫子爲衛君乎（孔安國曰爲猶助也衛君者謂輒也衛靈公逐太子蒯聵公薨而立孫輒也後晉趙鞅納蒯聵于戚衛石曼姑帥師圍之故問其意助輒否乎）子貢曰諾吾將

問之入曰伯夷叔齊何人也子曰古之賢人也曰怨乎曰求仁而得仁又何怨乎孔安國曰夷齊讓國遠去終於餓死故問怨乎以讓為仁豈怨乎出曰夫子不為也鄭玄曰父子爭國惡行也孔子以伯夷叔齊為賢且仁故知不助衛君明也子曰飯蔬食飲水曲肱而枕之

樂亦在其中矣孔安國曰蔬食菜食也肱臂也孔子以此爲樂也不義而富且貴於我如浮雲鄭玄曰富貴而不以義者於我如浮雲非己之有也子曰加我數年五十以學易可以無大過矣易窮理盡性以至於命年五十而知天命以知天命之年讀至命之書故可以無大過也子所雅言孔安國曰雅言

（正言也）詩書執禮皆雅言也（鄭玄曰讀先王典法必正言其音然後義全故不可有所諱也禮不誦故言執也）

葉公問孔子於子路子路不對（孔安國曰葉公名諸梁楚大夫也食菜於葉僭稱公不對者未知所以答也）

子曰女奚不曰其為人也發憤忘食樂以忘憂不知老之將至也

云爾子曰我非生而知之者好古
敏而求之者也　鄭玄曰言此者勉人於學也　子
不語怪力亂神　孔安國曰怪異也力謂若奡盪舟
烏獲舉千鈞之屬也亂謂臣弑君
子弑父也神謂鬼神之事也或無
益於教化也或
所不忍言也　子曰我三人行必
得我師焉擇其善者而從之其不

善者而改之 言我三人行本無賢愚擇善從之不善改之故無常師也 子曰天生德於予桓魋其如予何 苞氏曰桓魋宋司馬黎也天生德於予者謂授以聖性也合德天地吉無不利故曰其如予何也 子曰二三子以我為隱子乎吾無隱乎爾 苞氏曰二三子謂諸弟子也聖人知廣道深弟子學之不能及以為有所

隱匿故解之也　吾無所行而不與二三子者是丘也（苞氏曰：我所為無不與爾共之者，是丘之心也）

子以四教：文、行、忠、信（四者有形質，可舉以教也）

子曰：聖人吾不得而見之矣，得見君子者斯可矣（疾世無明君也）　子曰：善人吾不得而見之矣，得見有恒者斯

可矣亡而為有虚而為盈約而為

泰難乎有恒矣 孔安國曰難可名之為有常也 子

釣而不綱弋不射宿 孔安國曰釣者一竿釣也

綱者為大綱以横絶流以繳繋釣

羅屬著綱也弋繳射也宿宿鳥也

子曰蓋有不知而作之者我無是

也 苞氏曰時人多有穿鑿妄作篇籍者故云然也 多聞擇

其善者而從之多見而識之知之次也孔安國曰如此次於知之者也互鄉難與言童子見門人惑鄭玄曰互鄉鄉名也其鄉人言語自專不達時宜而有童子來見孔子門人怪孔子見也子曰與其進也不與其退也唯何甚孔安國曰教誨之道與其進不與其退怪我見此童子惡惡何一甚也人潔

已以進與其潔也不保其往也 鄭玄曰往猶去也人虛己自潔而來當與其進之亦何能保其去後之行也

子曰仁遠乎哉我欲仁斯仁至矣 苞氏曰仁道不遠行之則是至也

陳司敗問昭公知禮乎 孔安國曰司敗官名也陳大夫也昭公魯昭公也

孔子對曰知禮孔子退揖巫馬

期而進之，曰：吾聞君子不黨，君娶於吳，為同姓，謂之吳孟子。君而知禮，孰不知禮。孔安國曰：巫馬期弟子也，名施。相助匿非曰黨。魯吳俱姬姓也。禮同姓不婚，而君娶之，當稱吳姬，諱曰孟子也。

巫馬期以告。子曰：丘也幸，苟有過，人必知之。孔安國曰：以司敗言告也。諱國惡，禮也。聖人智

深道於故受以為過也

子與人歌而善必使反之而後和之 樂其善故使重歌而後自和之也

子曰文莫吾猶人也 莫無也文無者猶俗言文不也文不吾猶人者言凡文皆不勝於人也

躬行君子則吾未之有得也 孔安國曰躬為君子已未能得之也

子曰若聖與仁則吾豈敢 孔安國曰

孔子謙不敢自名仁聖也抑為之不厭誨人不倦則可謂云爾已矣公西華曰正唯弟子不能學也馬氏曰正如所言弟子猶不能學也況仁聖乎也子疾病子路請禱馬氏曰禱禱請於鬼神也子曰有諸周生烈曰言有此禱請於鬼神之事乎也子路對曰有之誄曰禱爾于

上下神祇孔安國曰子路失指也誄禱篇名也子曰丘之禱之久矣孔安國曰孔子素行合於神明故曰丘之禱之久矣子曰奢則不遜儉則固與其不遜也寧固孔安國曰俱失之也奢不如儉奢則僭上儉則不及禮耳固陋也子曰君子坦蕩蕩小人長戚戚鄭玄曰坦蕩蕩寬廣貌也長戚戚多憂懼

敎也

子溫而厲威而不猛恭而安

論語泰伯第八　何晏集解凡廿一章

子曰泰伯其可謂至德也已矣三

以天下讓民無得而稱焉王肅曰泰伯周

太王之太子也次仲雍少弟曰季歷季歷賢又生聖子文王昌昌必有天下故泰伯以天下三讓於王季其讓隱故無得而稱言之者所

以爲至德也

子曰恭而無禮則勞慎而無禮則葸葸畏懼之貌也言慎而不以禮節之則常畏懼也勇而無禮則亂直而無禮則絞馬融曰絞絞刺也君子篤於親則民興於仁故舊不遺則民不偷包氏曰興起也君能厚於親屬不遺忘其故舊行之美者也則民皆化之起爲仁厚之行

不偷薄也曾子有疾召門弟子曰啓予足啓予手鄭玄曰啓開也曾子以為受身體於父母不敢毀傷之故使弟子開衾而視之也詩云戰戰兢兢如臨深淵如履薄冰孔安國曰言此詩者喻已常誠慎恐有所毀傷也而今而後吾知免夫小子周生烈曰乃今日而後我自知免於患難矣小子弟子也

乎者欲使聽識其言也

曾子有疾孟敬子問之馬融曰孟敬子魯大夫仲孫捷也曾子言曰鳥之將死其鳴也哀人之將死其言也善包氏曰欲戒敬子言我將且死言善可用也君子所貴道者三動容貌斯遠暴慢矣正顏色斯近信矣出辭氣斯遠鄙

倍矣鄭玄曰此道謂禮也動容皃能濟濟蹌蹌則人不敢暴慢之也正顔色能矜莊嚴栗則人不敢欺誕之也出辭氣能順而説則無惡戾之言入於耳也籩豆之事則有司存苞氏曰敬子忘大務小故又戒之以此也籩豆禮器也曾子曰以能問於不能以多問於寡有若無實若虚犯而不校苞氏曰校報也言見

優犯而不報之也昔者吾友嘗從事於斯

矣馬融曰友謂顏淵也曾子曰可以託六尺

之孤孔安國曰六尺之孤謂幼少之君也可以寄百

里之命孔安國曰攝君之政令也臨大節而不

可奪也大節安國家定社稷也奪者不可傾奪之也君

子人與君子人也曾子曰士不可

以不弘毅。任重而道遠 苞氏曰弘大也毅強而能決斷也士弘毅然後能負重任致遠路也 仁以為己任。不亦重乎。死而後已。不亦遠乎 孔安國曰以仁為己任重莫重焉死而後已遠莫遠焉也 子曰興於詩 苞氏曰興起也言脩身當先學詩也 立於禮 苞氏曰禮者所以立身也 成於樂 孔安國曰樂所以成性也子曰民可使由之不可使知之由用也可使用而不可使知者百姓能日用而不能知也子曰好勇疾貧亂也苞氏曰好勇之人而患疾已之貧賤者必將為亂也人而不仁疾之已甚亂也孔安國曰疾惡太甚亦使其為乱也子曰如有周公之才之美使驕且悋其餘不足觀也

已矣孔安國曰周公者周公旦也子曰三年學不至於穀不易得也已孔安國曰穀善也言人三歲學不至於善不可得言必無及也所以勸人於學也子曰篤信好學守死善道危邦不入乱邦不居天下有道則見無道則隱苞氏曰言行當常然也危邦不入謂始欲往也乱邦不居今欲

去也臣弑君子弑父乱也危者將乱之兆也邦有道貧且賤焉恥也邦無道富且貴焉恥也子曰不在其位不謀其政也孔安國曰欲各專一於其職也子曰師摯之始關雎之乱洋洋乎盈耳哉鄭玄曰師摯魯大師之名始猶首也周道既衰鄭衛之音作正樂廢而失節魯大師摯識關雎

之聲而首理其乱洋洋乎盈耳哉聽而美也　子曰狂而不直　孔安國曰狂者進取宜直也　侗而不愿　孔安國曰侗未成器之人也宜謹愿也　悾悾而不信　苞氏曰悾悾慤慤也宜可信也　吾不知之矣　孔安國曰言皆與常度反故我不知也　子曰學如不及猶恐失之　學自外入至熟乃可長久如不及猶恐失之耳也　子

曰巍巍乎舜禹之有天下也而不與焉美舜禹已不與求天下而得之也巍巍者高大之稱也

子曰大哉堯之為君也巍巍乎唯天為大唯堯則之孔安國曰則法也美堯能法天而行化也蕩蕩乎民無能名焉苞氏曰蕩蕩廣遠之稱也言其布德廣遠民無能識名焉巍巍乎其有

成功也〔功成化隆高大巍巍也〕煥乎其有文章〔煥明也其立文垂制復著明也〕舜有臣五人而天下治〔孔安國曰禹稷契皐陶伯益也〕武王曰予有乱臣十人〔孔安國曰乱理也理官者十人也謂周公旦召公奭太公望畢公榮公太顛閎夭散宜生南宮适也其餘一人謂文母也〕孔子曰才難不其然乎唐虞

之際於斯爲盛有婦人焉九人而

已孔安國曰唐者堯號也虞者舜号也際者堯舜交會之間也斯此也此於周也言堯舜交會之間比於此周周最盛多賢然尚有一婦人其餘九人而已大才難得豈不然乎三分天下有

其二以服事殷周德其可謂至德

也已矣苞氏曰殷紂淫乱文王爲西伯而有聖德天下之歸

周者三分有二而猶以服事殷故謂之至德也子曰禹吾無間然矣孔安國曰孔子推禹功德之盛言已不能復間廁其間也菲飲食而致孝乎鬼神馬融曰菲薄也致孝乎鬼神祭祀豐潔也惡衣服而致美乎黻冕孔安國曰損其常服以盛祭服也卑宮室而盡力乎溝洫苞氏曰方里為井井間有溝溝廣深四尺

十里爲城城閒有洫洫廣深八尺也禹吾無閒然矣

論語卷第四　經一千五百十四字
注二千三百七十七字

論語子罕第九　何晏集解 凡卅一章 皇卅章

子罕言利與命與仁 罕者希也利者義之和也命者天之命也仁者行之盛也寡能及之故希言也 達巷黨人曰大哉孔子博學而無所成名 鄭玄曰達巷黨名也五百家為黨此黨之人美孔子博學道藝不成一名而已也 子聞之謂門弟子曰吾何

執孰御乎執射乎吾執御矣鄭玄曰聞
人羨之承以讓也吾執御者欲名六藝之卑也子曰麻冕
禮也今也純儉吾從衆孔安國曰冕緇布冠
也古者績麻三十升布以為之純絲也絲易成故從儉也拜下
禮也今拜乎上泰雖違衆吾從下
王肅曰臣之與君行禮者下拜然後升成禮時臣驕泰故於上拜今

從下禮之恭也**子絶四毋意**以道為度故不任意也

毋必用之則行捨之則藏故無專必也**毋固**無可無不

可故無固行也**毋我**述古而不自作處群萃而不自異唯道是

從故不自有其身也**子畏於匡**苞氏曰匡人誤圍夫子以

為陽虎陽虎嘗暴於匡夫子弟子顏尅時又與虎俱往後尅為夫子

御至於匡匡人相與共識尅又夫子容貌與虎相似故匡人以兵圍

之也曰文王既沒文不在茲乎孔安國曰

茲此也言文王雖已沒其文見在此此自此其身也天之將

喪斯文也後死者不得與於斯文

孔安國曰文王既沒故孔子自謂後死也言天將喪此文者本

也不當使我知之今使我知未欲喪之天之未喪斯文

匡人其如予何馬融曰如予何者猶言柰我何也天

之末喪此文也則我當傳之匡人欲奈我何言其不能違天而害己也

太宰問於子貢曰夫子聖者與何其多能也

孔安國曰太宰大夫官名也或吳或宋未可分也疑孔子多能於小藝也

子貢曰固天縱之將聖又多能也

孔安國曰言天固縱之大聖之德又使多能也

子聞之曰太宰知我者乎吾

少也賤。故多能鄙事。君子多乎哉。不多也

苞氏曰我少小貧賤常自執事故多能爲鄙人之事君子固不當多能也

牢曰子云吾不試故藝

鄭玄曰牢弟子子牢也試用也言孔子自云我不見用故多能伎藝也

子曰吾有知乎哉無知也

知者知意之知也言知者言未必盡也今我誠盡也

有鄙夫問於

我空空如也我叩其兩端而竭焉孔安國曰有鄙夫来問於我其意空空然我則發事之終始兩端以語之竭盡所知不為有愛也子曰鳳鳥不至河不出圖吾已矣夫孔安國曰有聖人受命則鳳鳥至河出圖今天無此瑞吾已矣夫者不得見也河圖八卦是也子見齊衰者冕衣裳者與瞽者苞氏曰冕

者冕冠也大夫之服也瞽者盲者也見之雖少者必

作過之必趨苞氏曰作起也趨疾行也此夫子哀有喪尊在位恤不成人之也顏淵喟然歎曰喟然歎聲

也仰之彌高鑽之彌堅言不可窮盡也瞻

之在前忽焉在後言忽怳不可為形像也夫

子循循然善誘人循循次序貌也誘進也言夫子

正以此道勸進人有次序也博我以文約我以

禮欲罷不能既竭吾才如有所立

卓爾雖欲從之末由也已孔安國曰言夫

子既以文章開博我又以礼節節約我使我欲罷而不能已竭我才

矣其有所立則又卓然不可及言已雖蒙夫子之善誘猶不能及夫

子之所立也子疾病苞氏曰疾甚曰病也子路使

門人爲臣鄭玄曰孔子嘗爲大夫故子路欲使弟子行其臣之禮也病間曰久矣哉由之行詐也無臣而爲有臣吾誰欺欺天乎孔安國曰病少差曰間言子路有是心非唯今日也且予與其死於臣之手也無寧死於二三子之手乎馬融曰無寧寧也二三子門人也就使我有臣而死

其手我寧死弟子之手乎也且予縱不得大葬

孔安國曰君臣禮葬也予死於道路乎馬融曰就

使之不得以君臣之禮葬有二三子在我寧當憂棄於道路乎子

貢曰有美玉於斯韞匵而藏諸求

善賈而沽諸馬融曰韞藏也匵匱也藏諸匵中沽賣也

得善賈寧賣之耶也子曰沽之哉沽之哉我

待賈者苞氏曰沽之哉不衒賣之辭也我居而待賈者也

子欲居九夷馬融曰九夷東方之夷有九種也或曰陋如之何子曰君子居之何陋之有馬融曰君子所居者皆化也

子曰吾自衛反於魯然後樂正雅頌各得其所鄭玄曰反魯魯哀公十一年冬也是時道衰樂廢孔子來還乃正之

故曰雅頌各得其所也子曰出則事公卿入
則事父兄喪事不敢不勉不為酒
困何有於我哉馬融曰困乱也子在川上
曰逝者如斯夫不舍晝夜包氏曰逝往也
言凡往者如川之流也子曰吾未見好德如
好色者也疾時人薄於德而厚於色也故發此言也子

曰譬如爲山未成一簣止吾止也苞氏曰簣土籠也此勸人進於道德也爲山者其功雖已多未成一籠而中道止者我不以其前功多而善之見其志不遂故不與也譬如平地雖覆一簣進吾往也馬融曰平地者將進加功雖始覆一簣我不以其見功少而薄之也據其欲進而與之也子曰語之而不惰者其回

與　顔淵則解故語之不惰餘人不解故有惰語之時也　子謂

顔淵曰惜乎吾見其進也未見其

止也　苞氏曰孔子謂顔淵進益未止痛惜之甚也　子曰

苗而不秀者有矣夫秀而不實者

有矣夫　孔安國曰言万物有生而不育成者喻人亦然也

子曰後生可畏也焉知来者之不

如今也後生謂年少也四十五十而無聞焉斯亦不足畏也已矣子曰法語之言能無從乎改之爲貴孔安國曰人有過以正道告之口無不順從之能必改乃爲貴也矣巽與之言能無說乎繹之爲貴馬融曰巽恭也謂恭巽謹敬之言聞之無不悅也能尋繹行之乃爲貴也悅而不

繹。從而不改。吾末如之何也已矣
子曰主忠信無友不如已者過則
勿憚改愼其所主所友。有過
務改。皆所以爲益也子曰
三軍可奪帥也匹夫不可奪志也
孔安國曰三軍雖衆。人心不一。則
其將帥可奪之而取。匹夫雖微。苟
守其志不可
得而奪也子曰衣弊緼袍與衣

狐貉者立而不耻者其由與孔安國曰縕枲著也不忮不求何用不臧馬融曰忮害也臧善也言不忮害不貪求何用爲不善疾貪惡忮害之詩也子路終身誦之子曰是道也何足以臧馬融曰臧善也尚復有美於是者何足以爲善也子曰歲寒然後知松栢之後彫也大寒之歲

衆木皆死然後知松栢小彫傷也平歲則衆木亦有不死者故須歲寒而後別之喻凡人處治世亦能自修整與君子同在濁世然後知君子之正不苟容也

子曰知者不惑苞氏曰不惑乱也仁者不憂孔安國曰無憂患也勇者不懼

子曰可與共學未可與適道適之道也雖學或得異端未必能之道也可與適道未可與

立雖能之道未必能以有所成立也可與立未可

與權雖能有所立未必能權量其輕重之極也唐棣之

華偏其反而豈不爾思室是遠而

逸詩也唐棣移也華反而後合賦此詩以言權道反而後至大順也

思其人而不得見者其室遠也以言思權而不得見者其道遠也

子曰未之思也夫何遠之有哉夫思

者當思其反反是不思所以爲遠也能思其反何遠之有言權可知唯不知思耳思之有次序斯可知之也

論語鄉黨第十　何晏集解　凡一章

孔子於鄉黨恂恂如也似不能言者王肅曰恂恂溫恭之貌也其在宗廟朝廷便便言唯謹爾鄭玄曰便便辯也雖辯而謹敬也朝

與下大夫言侃侃如也孔安國曰侃侃和樂之貌也與上大夫言誾誾如也孔安國曰誾誾中正之貌也君在踧踖如也與與如也馬融曰君在者君視朝也踧踖恭敬之貌也與與威儀中適之貌也君召使擯鄭玄曰君召使擯者有賓客使迎也色勃如也孔安國曰必變色也足躩如也苞氏曰槃

矜貌之也揖所與立左右其手衣前後襜如也鄭玄曰揖左人左其手揖右人右其手一俛一仰故衣前後則襜如也趨進翼如也孔安國曰言端好也賓退必復命曰賓不顧矣孔安國曰復命白君賓已去也矣入公門鞠躬如也如不容孔安國曰斂身也立不中門行不履閾

孔安國曰閾門限也過位色勃如也足躩如

也苞氏曰過君之空位也其言似不足者攝

齊升堂鞠躬如也屏氣似不息者

孔安國曰皆重慎也衣下曰齊攝齊者摳衣也出降一等

逞顔色怡怡如也孔安國曰先屏氣下階舒氣故

怡怡如也沒階趨進翼如也孔安國曰沒盡也下

盡階也復其位踧踖如也孔安國曰來時所適位也執圭鞠躬如也如不勝苞氏曰爲君使以聘問隣國執持君之圭鞠躬者敬愼之至也上如揖下如授勃如戰色足蹜蹜如有循也鄭玄曰上如揖授玉宜敬也下如授不敢忘礼戰色敬也足蹜蹜如有循舉前曳踵行之也享禮有容色鄭玄曰享獻也

聘禮既聘而享享用圭璧有庭實也

私覿愉愉如也

鄭玄曰覿見也既享乃以私礼見愉愉顔色之和也

君子不以紺緅飾

孔安國曰一入曰緅飾者不以為領袖縁也紺者齊服盛色以為飾似衣齊服也緅者三年練以緅飾衣為其似衣喪服故皆不以飾衣也

紅紫不以為褻服

王肅曰褻服私居非公會之服者也皆不正褻尚不衣正服無所施也

當暑縝絺綌必表而出 孔安國曰暑則單服絺綌葛也必表而出加上衣也 緇衣羔裘素衣麑裘黃衣狐裘褻裘長短右袂 孔安國曰服皆中外之色相稱也私家裘長主溫也短右袂者便作事也 必有寢衣長一身有半 孔安國曰今之被也 狐貉之厚以居 鄭玄曰在家以接賓客之也 去喪

無所不佩孔安國曰去除也非喪則備佩所宜佩也

非帷裳必殺之王肅曰衣必有殺縫唯帷裳無殺之也

羔裘玄冠不以弔孔安國曰喪主素吉主玄吉凶異服故不相弔也

吉月必朝服而朝孔安國曰吉月月朔也朝服皮弁服也

齊必有明衣布也孔安國曰以布為沐浴之衣也

齊必變食孔安國曰改常

（食也）居必遷坐（孔安國曰易常處也）食不厭精。
膾不厭細。食饐而餲（孔安國曰饐餲臭味變也）
魚餒而肉敗不食（孔安國曰魚敗曰餒也）色
惡不食。臭惡不食。失飪不食（孔安國曰
失飪失生熟之節也）不時不食（鄭玄曰不時非朝夕日中
時也）割不正不食。不得其醤不食（馬融

日魚膾非芥醬不食也肉雖多不使勝食氣唯酒無量不及亂沽酒市脯不食不撤薑食孔安國曰撤去也齊禁薰物薑辛不臭故不去也不多食孔安國曰不過飽祭於公不宿肉周生烈曰助祭於君所得牲體歸則以班賜不留神惠也祭肉不出三日出三日不食之矣鄭玄

曰自其家祭肉也過三日
不食也是褻鬼神之餘也食不語
寢不言雖蔬食菜羹瓜祭必齊如
也孔安國曰齊嚴敬之貌也
三物雖薄祭之必敬也席不
正不坐郷人飲酒杖者出斯出矣
孔安國曰杖者老人也郷人飲酒
之礼主於老者老者礼畢出孔子
從而
出之郷人儺朝服而立阼階孔安
國曰

儺驅逐疫鬼也恐驚先祖故朝服立於廟之阼階也問人於他邦再拜送之孔安國曰拜送使者敬也康子饋藥拜而受之苞氏曰遺孔子藥也曰丘未達不敢嘗之孔安國曰未知其故故不嘗礼也廐焚子退朝曰傷人乎不問馬鄭玄曰重人賤畜也退朝自魯君之朝来歸君賜食必正席

先嘗孔安國曰敬君之惠也既嘗之乃以班賜之也君賜

腥必熟而薦之孔安國曰薦薦其先祖也君賜

生必畜之待食於君君祭先飯鄭玄

曰於君祭則先飯矣若為先嘗食然也疾君視之東

首加朝服拖紳包氏曰夫子疾也處南牖之下東首

加其朝服拖紳紳太帶不敢不衣朝服見君也君命召不

俟駕行矣鄭玄曰急趨君命也行出而車既駕從也入太廟每事問鄭玄曰為君助祭也大廟周公廟也朋友死無所歸曰於我殯孔安國曰重朋友之恩也無所歸無親昵也朋友之饋雖車馬非祭肉不拜孔安國曰不拜有通財之義也寢不尸苞氏曰偃臥四體布展手足似死人也居不容孔安國曰

爲家室之敬難名也子見齊衰者雖狎必變孔安國曰狎者素親狎也見冕者與瞽者雖褻必以貌周生烈曰褻謂數相見也必當以貌礼也凶服者式之式負版者孔安國曰凶服者送死之衣物也負版者持邦國之圖籍者也有盛饌必變色而作孔安國曰作起也敬主人之親饋也迅雷風烈必

變鄭玄曰敬天之怒風疾雷爲烈也升車必正立執綏周生烈曰必正立執綏所以爲安也車中不内顧包氏曰車中不内顧者前視不過衡軛傍視不過輢轂之也不疾言不親指色斯舉矣馬融曰見顏色不善則去之也翔而後集周生烈曰迴翔審觀而後下止也曰山梁雌雉時哉時哉子路供

之三嗅而作 言山梁雌雉得其時而人不得時故歎之子路以其時物故供具之非其本意不苟食故三嗅而起也

論語卷第五 經一千四百六十二字 注二千二百九十七字

論語先進第十一　何晏集解　凡二十三章

子曰先進於禮樂野人也後進於禮樂君子也　先進後進謂士先後輩也禮樂因世損益後進與禮樂俱得時之中斯君子矣先進有古風斯野人也　如用之則吾從先進　包氏曰將移風易俗歸之純素先進猶近古風故從之也

子曰從我於陳蔡者

皆不及門者也 鄭玄曰言弟子之從我而厄於陳蔡者皆不及仕進之門而失其所也 子曰德行顏淵閔子騫冉伯牛仲弓言語宰我子貢政事冉有季路文學子游子夏

子曰回也非助我者也於吾言無所不說 孔安國曰助猶益也言回聞言即解無可發起增益

於已也子曰孝哉閔子騫。人不間於其父母兄弟之言陳群曰言閔子騫爲人上事父母下順兄弟動靜盡善故人不得有非間之言也南容三復白圭孔安國曰詩云白圭之玷尚可磨也斯言之玷不可爲也南容讀詩至此三反復之是其心愼言也孔子以其兄之子妻之。季康子問。弟子孰爲

好學孔子對曰有顏回者好學不
遷怒不貳過不幸短命死矣今也
則亡未聞好學者也顏淵死顏路
請子之車孔安國曰顏路顏淵之父也家貧故欲請孔子
之車賣以作椁子曰才不才亦各言其子
也鯉死有棺而無椁吾不可徒行

以爲之椁。以吾從大夫之後。吾以
不可徒行也　孔安國曰鯉孔子之
子。伯魚。孔子時爲大
夫。故言吾從大夫之後
不可以徒行是謙辭也　顔淵死。子
曰噫　包氏曰噫
痛傷之聲　天喪予。天喪予　天喪
予者。若喪己也。再言
之者。痛惜之甚也　顔淵死。子哭
之慟　馬融曰慟
哀過也　從者曰。子慟矣。子

日有慟乎孔安國曰不自知已之悲哀之適也悲夫
人之爲慟而誰爲慟顔淵死門人
欲厚葬之子曰不可禮貧富各有宜顔淵家貧
而門人欲厚葬之故不聽也門人厚葬之子曰
回也視予猶父也予不得視猶子
也非我也夫二三子也馬融曰言回自有父

父意。欲聽門人厚葬之。我不得割止非其厚葬。故云介也季路
問事鬼神子曰未能事人焉能事
鬼曰敢問事死曰未知生焉知死
陳群曰鬼神及死事難明語之無益故不答也閔子騫侍
側誾誾如也子路行行如也冉子
子貢侃侃如也子樂鄭玄曰樂各盡其性也行

行剛強之貌也若由也不得其死然孔安國曰不得以壽終也魯人爲長府閔子騫曰仍舊貫如之何何必改作鄭玄曰長府藏名也藏貨曰府仍因也貫事也因舊事則可何乃復更改作也子曰夫人不言言必有中王肅曰言必有中善其不欲勞民改作之也子曰由之鼓瑟奚爲於

丘之門（馬融曰言子路鼓瑟不合雅頌也）門人不敬子路子曰由也升堂矣未入於室也（馬融曰升我堂矣未入室耳門人不解謂孔子言為賤子路故復解之也）子貢問師與商也孰賢乎子曰師也過商也不及（孔安國曰言俱不得中也）曰然則師愈與子曰過猶不及

也愈猶勝也季氏富於周公孔安國曰周公天子之宰卿士也而求也爲之聚斂而附益之孔安國曰冉求爲季氏宰爲之急賦稅也子曰非吾徒也小子鳴鼓而攻之可也鄭玄曰小子門人也鳴鼓聲其罪以責之柴也愚弟子高柴也字子羔愚愚直之愚也參也魯孔安國曰魯鈍也曾子遲鈍也師

僻也馬融曰子張才過人失在邪僻文過也　由彥也

鄭玄曰子路之行失於吸喭也　子曰回也其庶乎

屢空賜不受命而貨殖焉億則屢

中　言回庶幾聖道雖數空匱而樂

在其中矣賜不受教命唯財貨

是殖億度是非蓋美回所以勵賜

也一曰屢猶每也空猶虛中也以

聖人之善教數子之庶幾猶不至

於知道者各內有此害也其於庶

義每能虛中者唯回懷道深遠不
虛心不能知道子貢無數子病然
亦不知道者雖不窮理而幸中雖
非天命而偶富亦所以不虛心也

子張問善人之道子曰不踐迹亦不入於室

孔安國曰踐循也言善
人不循追舊迹而已亦
多少能創業然亦不能
入於聖人之奧室也

子曰論篤是與君子者乎色莊者乎

論篤者謂口無

擇言也君子者謂身無鄙行也色
盗者不惡而嚴以遠小人者也言
此三者皆可以
爲善人者也
子路問聞斯行諸
苞氏曰賑窮
救乏之事也
子曰有父兄在如之
何其聞斯行之也
孔安國曰當白
父兄不可得自
專
也
冉有問聞斯行諸子曰聞斯行
之公西華曰由也問聞斯行諸子

曰有父兄在求也問聞斯行諸子曰聞斯行之赤也惑敢問孔安國曰惑其問同而荅異也子曰求也退故進之由也兼人故退之鄭玄曰言冉有性謙退子路務在勝尚人各因其人之失而正之也子畏於匡顏淵後孔安國曰言與孔子相失故在後也子曰吾以汝爲死

矣。曰：子在，回何敢死。苞氏曰：言夫子在，己無所敢死也。

季子然問：仲由、冉求可謂大臣與？孔安國曰：季子然，季氏之子弟。自多得臣此二子，故問之。

子曰：吾以子為異之問，曾由與求之問。孔安國曰：謂子問異事耳，則此二人之問，安足為大臣乎。

所謂大臣者，以道事君，不可則止。

今由與求也可謂具臣矣孔安國曰言備臣數而已也曰然則從之者與孔安國曰問爲臣皆當從君所欲邪子曰弒父與君亦不從也孔安國曰二子雖從其主亦不與爲大逆也子路使子羔爲費宰子曰賊夫人之子苞氏曰子羔學未熟習而使爲政所以賊害人也子路曰有

民人焉有社稷焉何必讀書然後

為學孔安國曰言治民事神於是而習亦學也子曰是

故惡夫佞者孔安國曰疾其以口給應遂已非而不知窮也

子路曾晳孔安國曰曾晳曾參父也名點冉有

公西華侍坐子曰以吾一日長乎

爾無吾以也孔安國曰言我問汝汝無以我長故難對

也居則曰不吾知也孔安國曰汝常居云人不知已如或知爾則何以哉孔安國曰如有用汝者則何以為治乎子路率爾而對率爾先三人對也曰千乘之國攝乎大國間加之以師旅因之以飢饉苞氏曰攝攝迫乎大國之間也由也為之比及三年可使有勇

且知方也方義方也夫子哂之馬融曰哂笑也

求爾何如對曰方六七十如五六

十求性謙退言欲得方六七十如五六十里小國治之而已也

求也爲之比及三年可使足民也

如其禮樂以俟君子孔安國曰求自云能足民

而已謂衣食足也若禮樂之化當以待君子謙辭也赤爾何

如。對曰非曰能之也願學焉宗廟之事如會同端章甫願為小相焉鄭玄曰我非自言能也願學為之宗廟之事謂祭祀也諸侯時見曰會殷見曰同端玄端也衣玄端冠章甫諸侯日視朝之服也小相謂相君之禮者也點爾何如鼓瑟希孔安國曰思所以對故音希也鏗爾舍瑟而作對曰異乎

三子者之撰孔安國曰置瑟起對也撰具也為政之具也鏗爾者投瑟之聲也子曰何傷乎亦各言

其志也孔安國曰各言己志於義無傷之曰暮春

者春服既成得冠者五六人童子

六七人浴乎沂風乎舞雩詠而歸

苞氏曰暮春者季春三月也春服既成者衣單袷之時也我欲得冠

者五六人童子六七人浴於沂水之上風涼於舞雩之下歌詠先王之道歸夫子之門也夫子喟然歎曰吾與點也周生烈曰善點之獨知時之三子者出曾晳後曾晳曰夫三子者之言何如子曰亦各言其志也已矣曰夫子何哂由也子曰為國以礼其言不讓

是故哂之苞氏曰為國以礼礼貴讓子路言不讓故笑之

唯求則非邦也與安見方六七十

如五六十而非邦也者唯赤則非

邦也與宗廟之事如會同非諸侯

如之何孔安國曰明皆諸侯之事與子路同徒笑子路不讓

也赤也為之小孰能為之大相孔安

國曰赤謙言小相耳
孰能爲大相者也

論語顔淵第十二　何晏集解　凡廿四章

顔淵問仁子曰尅己復禮爲仁 馬融曰尅己約身也孔安國曰復反也身能反禮則爲仁矣 一日尅己復禮天下歸仁焉 馬融曰一日猶見歸況終身乎 爲仁由己而由人乎哉 孔安國曰

行善在已不在人也顏淵曰請問其目包氏曰知
其必有條目故請問之也子曰非禮勿視非禮
勿聽非禮勿言非禮勿動鄭玄曰此四者
克己復禮之目顏淵曰回雖不敏請事斯
語矣王肅曰敬事此語必行之仲弓問仁子曰
出門如見大賓使民如承大祭孔安

國曰仁之道莫尚乎敬也己所不欲勿施於人

在邦無怨在家無怨苞氏曰在邦為諸侯也在

家為卿大夫也仲弓曰雍雖不敏請事斯

語矣司馬牛問仁子曰仁者其言

也訒也孔安國曰訒難也牛宋人也弟子司馬犂也曰

其言也訒斯可謂之仁已矣乎子

曰爲之難言之得無訒乎（孔安國曰行仁難言仁亦不得不難矣）司馬牛問君子子曰君子不憂不懼（孔安國曰牛兄桓魋將爲乱牛自宋来學常憂懼故孔子解之）曰不憂不懼斯可謂君子已乎子曰內省不疚夫何憂何懼（苞氏曰疚病也內省無罪惡無可憂懼也）司馬牛

憂曰人皆有兄弟我獨亡鄭之曰牛兄桓
魋行惡死亡無日我爲無兄弟也子夏曰商聞之
矣死生有命富貴在天君子敬而
無失與人恭而有禮四海之內皆
爲兄弟也君子何患乎無兄弟也
苞氏曰君子疏惡而友賢九州之人皆可以禮親之子張問

明。子曰。浸潤之譖。膚受之愬。不行焉。可謂明也已矣。鄭玄曰。譖人之言。如水之浸潤。以漸成人之禍。馬融曰。膚受之愬。皮膚外語。非其內實也。浸潤之譖。膚受之愬。不行焉。可謂遠也已矣。馬融曰。無此二者。非但為明。其德行高遠。人莫能及之。子貢問政。子曰。足食。足兵。使民信之。

矣子貢曰必不得已而去於斯三
者何先曰去兵曰必不得已而去
於斯二者何先曰去食自古皆有
死民不信不立孔安國曰死者古今常道人皆有之
治邦不可失信也棘子城曰君子質而已
矣何以文為矣鄭玄曰舊説云棘子城衛大夫也子

貢曰惜乎夫子之說君子也駟不及舌鄭玄曰惜乎夫子之說君子也過言一出駟馬追之不及舌文猶質也質猶文也虎豹之鞹猶犬羊之鞹也孔安國曰皮去毛曰鞹虎豹與犬羊別者正以毛文異耳今使文質同者何以別虎豹與犬羊邪哀公問於有若曰年飢用不足如之

何有若對曰盍徹乎鄭玄曰盍者何不也周法十一而稅謂之徹徹通也為天下通法也曰二吾猶不足如之何其徹也孔安國曰二謂十二而稅也

對曰百姓足君孰與不足百姓不足君孰與足孔安國曰孰誰也

子張問崇德辨惑苞氏曰辨別也子曰主忠信徙義

崇德也（苞氏曰徙義見義則徙意從之）愛之欲其生也惡之欲其死也既欲其生又欲其死是惑（苞氏曰愛惡當有常一欲生之一欲死之是心惑也）誠不以富亦祇以異（鄭玄曰此詩小雅也祇適也言此行誠不可以致富適以足為異耳取此詩之異義以非之也）齊景公問政於孔子孔子對

曰君君臣臣父父子子孔安國曰當此時陳桓制齊君不君臣不臣故以此對也公曰善哉信如君不君臣不臣父不父子不子雖有粟吾豈得而食諸孔安國曰言將危也陳氏果滅晉也子曰片言可以折獄者其由也與孔安國曰片猶偏也聽訟必須兩辭以定是非偏信一言

以折獄者唯子路可也子路無宿諾宿猶豫也子路篤信恐臨時多故故不豫諾也子曰聽訟吾猶人也苞氏曰言與人等必也使無訟乎王肅曰化之在前也子張問政子曰居之無倦行之以忠王肅曰言爲政之道居之於身無得懈倦行之於民必以忠信也子曰君子博學於文約之

以禮亦可以弗畔矣夫弗畔不違道也子

曰君子成人之美不成人之惡小

人反是季康子問政於孔子孔子

對曰政者正也子帥而正孰敢不

正鄭玄曰季康子魯上卿諸臣之帥也季康子患盜

問於孔子孔子對曰苟子不欲雖

賞之不竊孔安國曰欲情慾也言民化於上不從其所令從其所好也

季康子問政於孔子曰如殺無道以就有道何如孔安國曰就成也欲多殺以止姦也

孔子對曰子為政焉用殺子欲善而民善矣君子之德風也小人之德草也草尚之風必偃孔安

亦欲令康子先正也偃仆加草以風無不仆者猶民之化於上也

子張問士何如斯可謂之達也子曰何哉爾所謂達者矣子張對曰在邦必聞在家必聞鄭玄曰言士之所在皆能有名譽也子曰是聞也非達也夫達者質直而好義察言而觀色慮以

下人馬融曰常有謙退之志察言語見顔色知其所欲其念慮常欲以下人也在邦必達在家必達馬融曰謙尊而光卑而不可踰也夫聞者色取仁而行違居之不疑馬融曰此言佞人也佞人假仁者之色行之則違安居其僞而不自疑者也在邦必聞在家必聞馬融曰佞人黨多也樊遲從遊於舞雩

之下苞氏曰舞雩之処有壇墠樹木故其下可遊也曰敢

問崇德脩慝辨惑孔安國曰慝惡也脩治也治惡為善也子曰善哉問先事後得非崇

德與孔安國曰先勞於事然後得報也攻其惡毋

攻人之惡非脩慝與一朝之忿忘

其身以及其親非惑與樊遲問仁

子曰愛人問知子曰知人樊遲未
達子曰舉直錯諸枉能使枉者直
苞氏曰舉正直之人用之廢置邪枉之人則皆化為直也樊遲
退見子夏曰鄉也吾見於夫子而
問知子曰舉直錯諸枉能使枉者
直何謂也子夏曰富哉是言也孔

臣日宜盛也

舜有天下選於衆舉皐陶不仁者遠矣湯有天下選於衆舉伊尹不仁者遠矣

孔安國日言舜湯有天下選擇於衆舉皐陶伊尹則不仁者遠矣仁者至矣

子貢問友子日忠告而以善導之否則止無自辱焉

苞氏日忠告以是非告之也以善導之不見從則止必言

之或見厚也。曾子曰：君子以文會友，孔安國曰：友以文德合也。以友輔仁。孔安國曰：友有相切磋之道，所以輔成己之仁也。

論語卷第六

經二千六十二字

注一千九百四十六字

明應甲寅孟冬初九手自加朱墨點畢 [illegible]

論語子路第十三　　何晏集解　凡卅章

子路問政。子曰。先之勞之。孔安國曰。先導之以德。使民信之。然後勞之也。易曰。悅以使民。民忘其勞之也。請益。曰。無倦。孔安國曰。子路嫌其少。故請益。曰無倦者。行此上事。無倦則可也。

仲弓爲季氏宰。問政。子曰。先有司。王肅曰。言爲政當先任有司而後責其事也。

赦小過舉賢才曰焉知賢才而舉之曰舉爾所知爾所不知人其舍諸孔安國曰汝所不知者人將自舉之各舉其所知則賢才無遺也

子路曰衛君待子而為政子將奚先苞氏曰問往將何所先行也子曰必也正名乎馬融曰正正百事之名也子路曰有是哉

子之迂也。奚其正名。包氏曰：迂猶遠也。言孔子之言遠於事也。

子曰：野哉由也。孔安國曰：野猶不達也。

君子於其所不知，蓋闕如也。包氏曰：君子於其所不知當闕而勿據。今由不知正名之義，而謂之迂遠也。

名不正則言不順，言不順則事不成，事不成則禮樂不興，禮樂不興

七　二

則刑罰不中（孔安國曰禮以安上樂以移風二者不行則有淫刑濫罰也）刑罰不中則民無所措手足故君子名之必可言也言之必可行也（王肅曰所名之事必可得而明言也所言之事必可得而遵行也）君子於其言無所苟而已矣樊遲請學稼子曰吾不如老

農請學為圃。子曰。吾不如老圃。馬融曰樹五穀曰稼。樹菜蔬曰圃也。樊遲出。子曰。小人哉樊須也。上好禮則民莫敢不敬。上好義則民莫敢不服。上好信則民莫敢不用情。孔安國曰情情實也。言民化其上。各以情實應也。夫如是則四方之民襁負

其子而至矣焉用稼 苞氏曰禮義與信足以成
德何用學稼教民乎負者以器曰襁也 子曰誦詩三
百授之以政不達使於四方不能
專對雖多亦奚以為哉 專猶獨也 子曰其
身正不令而行其身不正雖令不
從 令教令也 子曰魯衛之政兄弟也 苞氏

曰魯周公之封衛康叔之封也周公康叔既爲兄弟康叔睦於周公其國之政亦如兄弟也

子謂衛公子荊善居室王肅曰荊與蘧瑗史鰌並爲君子也始有曰苟合矣少有曰苟完矣富有曰苟美矣

子適衛冉有僕孔安國曰孔子之衛冉有御也子曰庶矣哉孔安國曰庶衆也言衛民衆多也冉有

曰既庶矣又何加焉曰富之曰既富矣又何加焉曰教之子曰苟有用我者期月而已可也三年有成孔安國曰言誠有用我於政事者期月而可以行其政教必三年乃有成功也子曰善人為邦百年亦可以勝殘去殺矣王肅曰勝殘勝殘暴之人使不為惡也去

（殺不用刑殺也）誠哉是言也（孔安國曰古有此言故孔子信也）子曰如有王者必世而後仁（孔安國曰三十年曰世如有受命王者必三十年仁政乃成也）子曰苟正其身矣於從政乎何有不能正其身如正人何冉子退朝（周生烈曰謂罷朝於魯君也）子曰何晏也對曰有

政馬融曰政者有所改更匡正也子曰其事也馬融曰事者凡所行常事也如有政雖不吾以吾其與聞之馬融曰如有政非常之事我爲大夫雖不見任用必當與聞之定公問一言而可以興邦有諸孔子對曰言不可以若是其幾也王肅曰以其大要一言不能正興國也幾近也有近一言

可興國也人之言曰爲君難爲臣不易
如知爲君之難也不幾乎一言而
興邦乎孔安國曰事不可一言而成也知如此則可近也
曰一言而可喪邦有諸孔子對曰
言不可以若是其幾也人之言曰
予無樂乎爲君唯其言而樂莫予

違也孔安國曰言無樂於為君所樂者唯樂其言而不見違也如其善而莫之違也不亦善乎如不善而莫之違也不幾乎一言而喪邦乎孔安國曰人君所言善無違之者則善也其所言不善而無敢違之者則近一言而喪國也

葉公問政子曰近者説遠者來子夏為莒父宰

問政鄭玄曰舊説曰莒父魯下邑也子曰毋欲速毋見小利欲速則不達見小利則大事不成孔安國曰事不可以速成而欲其速則不達矣見小利妨大事則大事不成也葉公語孔子曰吾黨有直躬者孔安國曰直躬直身而行也其父攘羊而子證之周生烈曰有因而盗曰攘孔子

曰吾黨之直者異於是父爲子隱子爲父隱直在其中矣樊遲問仁子曰居處恭執事敬與人忠雖之夷狄不可棄也包氏曰雖之夷狄無禮義之處猶不可棄去而不行也子貢問曰何如斯可謂之士矣子曰行己有恥孔安國曰有恥有所

不為也使於四方不辱君命可謂士矣曰敢問其次曰宗族稱孝焉鄉黨稱悌焉曰敢問其次曰言必信行必果硜硜然小人也抑亦可以為次矣鄭玄曰行必果所欲行必敢為之硜硜者小人之貌也抑亦其次言可以為次也曰今之從政者何

如子曰：噫，斗筲之人，何足算也。鄭玄曰：噫，心不平之聲也。筲，竹器，容斗二升者也。算，數也。子曰：不得中行而與之，必也狂狷乎。苞氏曰：中行，行能得其中者也。言不得中行，則欲得狂狷也。狂者進取，狷者有所不為也。苞氏曰：狂者進取於善道，狷者守節無為。欲得此二人者，以時多進退，取其恒一也。子曰：

南人有言曰人而無恒不可以作巫醫孔安國曰南人南國之人也鄭玄曰言巫醫不能治無常之人也善夫萇氏曰善南人之言也不恒其德或承之羞孔安國曰此易恒卦之辭也言德無常則羞辱承之子曰不占而已矣鄭玄曰易所以占吉凶也無恒之人易所不占也子曰君子和而不同

小人同而不和君子心和然其所見各異故曰不同小人所嗜好者同然各爭其利故曰不和也子貢問曰鄉人皆好之何如子曰未可也鄉人皆惡之何如子曰未可也不如鄉人之善者好之其不善者惡之也孔安國曰善人善己惡人惡己是善善明惡惡著也子曰

君子易事而難悦也孔安國曰不責備於一人故易事也悦之不以道不悦也及其使人也器也孔安國曰度才而任官也小人難事而易悦也悦之雖不以道悦也及其使人也求備焉子曰君子泰而不驕小人驕而不泰君子自縱泰似驕而不驕

小人拘忌而實自驕矜也子曰剛毅木訥近仁王肅曰剛無欲也毅果敢也木質樸也訥遲鈍也有此四者近於仁也子路問曰何如斯可謂之士矣子曰切切偲偲怡怡如也可謂士矣朋友切切偲偲兄弟怡怡如也馬融曰切切偲偲相切責之貌也怡怡和順之貌也子曰善

人教民七年亦可以即戎矣（苞氏曰即戎就兵可以攻戰也）子曰以不教民戰是謂棄之（馬融曰言用不習民使之戰必破敗是謂棄之也）

論語憲問第十四　何晏集解　凡卌四章

憲問恥子曰邦有道穀（孔安國曰穀祿也邦有道當食其祿也）邦無道穀恥也（孔安國曰君無

道而在其朝食其祿是恥厚也克伐怨欲不行焉

可以為仁矣馬融曰克好勝人也伐自伐其功也怨忌小怨也欲貪欲也子曰可以為難矣仁則

吾不知也苞氏曰此四者行之難者未足以為仁也子

曰士而懷居不足以為士矣士當志道不求安而懷其居非士也子曰邦有道危言危

行 苞氏曰危厲也邦有道可以厲言行也 邦無道危
行言遜 遜順也厲行不隨俗順言以遠害也 子曰有
德者必有言 德不可以億中故必有言也 有言
者不必有德仁者必有勇勇者不
必有仁南宮适 孔安國曰适南宮敬叔魯大夫也
問於孔子曰羿善射奡盪舟 孔安國曰

羿有窮之君也。篡夏后相之位。其臣寒浞殺之。因其室而生奡。奡多力。能陸地行舟。為夏后少康所殺也。**俱不得其死然。**孔安國曰。此二子者皆不得以壽終也。**禹稷躬稼。而有天下。夫子不答。**馬融曰。禹盡力於溝洫。稷播殖百穀。故曰躬稼也。禹及其身。稷及後世。皆王也。适意欲以禹稷比孔子。孔子謙。故不答也。**南宮适出。子曰。君子哉。**

若人尚德哉若人孔安國曰賤不義而貴有德故曰君子也子曰君子而不仁者有矣夫未有小人而仁者也孔安國曰雖曰君子猶未能備也子曰愛之能勿勞乎忠焉能勿誨乎孔安國曰言人有所愛必欲勞來之有所忠必欲教誨之也子曰為命卑諶草創之孔安國曰

卑諶鄭大夫名也諶謀於野則獲謀於國則否鄭國將有諸侯之事則使乘車以適野而謀作盟會之辭也**世叔討論之行人子羽脩飾東里子產潤色之**焉辭

日世叔鄭大夫游吉也討治也卑諶既造謀世叔復治而論之詳而審之也行人掌使之官也子羽公孫揮也子產居東里因以為號也更此四賢而成故鮮有敗事也

或問子產子曰惠

人也孔安國曰惠愛也子産古之遺愛也問子西曰彼哉彼哉馬融曰子西鄭大夫彼哉彼哉言無足稱也或曰楚令尹子西也問管仲曰人也猶詩言所謂伊人也奪伯氏騈邑三百飯疏食沒齒無怨言孔安國曰伯氏齊大夫騈邑地名也齒年也伯氏食邑三百家管仲奪之使至疏食而沒齒無怨言以當其理故也子

日貧而無怨難富而無驕易子曰孟公綽爲趙魏老則優不可以爲滕薛大夫也孔安國曰公綽魯大夫也趙魏皆晉卿也家臣稱老公綽性寡欲趙魏貪賢家老無職故優滕薛小國大夫職煩故不可爲也子路問成人曰若臧武仲之智馬融曰魯大夫臧孫紇也公綽之不欲馬融

曰魯大夫孟公綽也卞莊子之勇周生烈曰卞邑大夫

也冉求之藝文之以禮樂孔安國曰加之

以禮樂文成也亦可以為成人矣曰今之

成人者何必然見利思義馬融曰義然後

取不苟得也見危授命久要不忘平生

之言亦可以為成人矣孔安國曰久要舊約

也平生猶少時也　子問公叔文子於公明賈曰信乎夫子不言不笑不取乎

孔安國曰公叔文子衛大夫公孫拔也文謚也　公明賈對曰以告者過也夫子時然後言人不厭其言也樂然後笑人不厭其笑也義然後取人不厭其取也子

曰其然豈其然乎馬融曰美其得道嫌其不能悉然也

子曰臧武仲以防求為後於魯雖曰不要君吾不信也孔安國曰防武仲故邑也為後立後也魯襄公二十三年武仲為孟氏所譖出奔邾自邾如防使以大蔡納請曰紇非敢害也智不足也非敢私請苟守先祀無廢二勳敢不避邑乃立臧為紇致防而奔齊此所謂要君也

子

曰晉文公譎而不正鄭玄曰譎者詐也謂召天子而使諸侯朝之仲尼曰以臣召君不可以訓故書曰天王狩于河陽是譎而不正也齊桓公正而不譎馬融曰伐楚以公義責苞茅之貢不入問昭王南征不還是正而不譎也子路曰桓公殺公子糾召忽死之管仲不死曰未仁乎孔安國曰齊襄公立無常鮑叔

牙曰君使民慢亂將作矣奉公子小白出奔莒襄公從弟公孫無知殺襄公管夷吾召忽奉公子糾出奔魯齊人殺無知魯伐齊納子糾小白自莒先入是為桓公乃殺子糾召忽死也子曰桓公九合諸侯不以兵車管仲之力也

如其仁如其仁孔安國曰誰如管仲之仁矣子

貢曰管仲非仁者與桓公殺公子

糾不能死又相之子曰管仲相桓公霸諸侯一匡天下馬融曰匡正也天子微弱桓公率諸侯以尊周室一匡天下也民到于今受其賜受其賜者謂不被髮左衽之惠也微管仲吾其被髮左衽矣馬融曰微無也無管仲則君不君臣不臣皆為夷狄也豈若匹夫匹婦之為諒也

自經於溝瀆而莫之知也王肅曰經死於溝瀆之中也管仲召忽之於公子糾君臣之義未正成故死之未足深嘉不死未足多非死既難亦在於過厚故仲尼但美管仲之功亦不言召忽不當死也

公叔文子之臣大夫僎與文子同升諸公孔安國曰大夫僎本文子家臣也薦之使與己並為大夫同升在公朝也

子聞之曰

可以爲文矣孔安國曰行如是可謚爲文也子曰衛靈公之無道也康子曰夫如是奚而不喪孔子曰仲叔圉治賓客祝鮀治宗廟王孫賈治軍旅夫如是奚其喪孔安國曰言君雖無道所任者各當其才何爲當亡乎也子曰其言之不怍則其爲之

難也馬融曰怍慙也内有其實則言之不慙積其實者爲之難也

陳成子殺簡公孔子沐浴而朝告於哀公曰陳桓殺其君請討之馬融曰陳成子齊大夫陳桓也將告君故先齋齋必沐浴也

公曰告夫二三子孔安國曰謂三卿也

孔子曰以吾從大夫之後不敢不告也君

日告夫二三子者馬融曰我於禮當告君不當告二三子君使我往故復往也之二三子告不可孔子曰以吾從大夫之後不敢不告馬融曰孔子由君命之二三子告不可故復以此辭語之而止也子路問事君子曰勿欺也而犯之孔安國曰事君之道義不可欺當能犯顏色諫爭也子曰

君子上達小人下達〔本爲上末爲下也〕子曰古之學者爲己今之學者爲人也〔孔安國曰爲己履而行之爲人徒能言之也〕蘧伯玉使人於孔子孔子與之坐而問焉〔孔安國曰伯玉衛大夫蘧瑗也〕曰夫子何爲對曰夫子欲寡其過而未能也〔言夫子欲寡其

過而未能無過也使者出子曰使乎使乎
陳群曰再言使乎善之也言使得其人也子曰不在其
位不謀其政曾子曰君子思不出
其位子曰君子恥其言之過其行
也子曰君子道者三我無能焉仁
者不憂知者不惑勇者不懼子貢

曰夫子自道也子貢方人孔安國曰比方人也子曰賜也賢乎我夫我則不暇孔安國曰不暇比方人也子曰不患人之不己知患己無能也王肅曰徒患己之無能也子曰不逆詐不億不信抑亦先覺者是賢乎孔安國曰先覺人情者是寧能為賢乎或時反怨人也

微生畝謂孔子曰。丘。何為是栖栖者與無乃為佞乎 包氏曰微生姓也畝名也 孔子對曰非敢為佞也疾固也 包氏曰疾世固陋欲行道以化人也 子曰驥不稱其力稱其德也 鄭玄曰德者謂調良之德也 或曰以德報怨何如子曰何以報德 德恩惠之德也

以直報怨以德報德子曰莫我知子

也夫子貢曰何為其莫知子也貢

怪夫子言何為莫知己故問也子曰不怨天不尤

人馬融曰孔子不用於世而不怨天人不知己亦不尤人也下

學而上達孔安國曰下學人事上知天命也知我

者其天乎聖人與天地合其德故曰唯天知己也公

伯寮愬子路於季孫馬融曰愬譖也伯寮魯人弟子也子服景伯以告馬融曰魯大夫子服何忌也告告孔子也曰夫子固有惑志孔安國曰季孫信讒恚子路也於公伯寮也吾力猶能肆諸市朝鄭玄曰吾勢能辨子路之無罪於季孫使之誅伯寮而肆之也有罪既刑陳其尸曰肆也子曰道之將行

也與命也道之將廢也與命也。公伯寮其如命何。子曰賢者避世孔安國曰世主莫得而臣之也其次避地馬融曰去亂國適治邦也其次避色孔安國曰色斯擧也其次避言孔安國曰有惡言乃去也子曰作者七人矣苞氏曰作爲也爲之者凡七人謂長沮桀溺丈人石門荷蕢儀封人楚狂

撫與也

子路宿於石門石門晨門曰奚自晨門者閽人也子路曰自孔氏曰是知其不可而為之者與苞氏曰言孔子知世不可為而強為之也

子擊磬於衛有荷蕢而過孔子之門者曰有心哉擊磬乎蕢草器也有心謂契契然也既而曰鄙哉硜硜

乎莫已知也斯已而已矣此硜硜徒信已而已言亦無益也

深則厲淺則揭苞氏曰以衣涉水為厲揭揭衣言隨世以行已若遇水必以濟知其不可則當不為也

子曰果哉末之難矣未知己志而便譏己所以為果也末無也無以難者以其不能解已道也

子張曰書云高宗諒陰三年不言何謂也

孔安國曰高宗殷之中興王武丁也諒信也陰猶默也子曰何必高宗古之人皆然君薨百官總己馬融曰己己百官也以聽於冢宰三年孔安國曰冢宰天官佐王治者也三年喪畢然後王自聽政也

子曰上好禮則民易使也民莫敢不敬故易使之也

子路問君子子曰脩己以敬人

孔安國曰敬其身也曰如斯而已乎曰脩己以安人孔安國曰人謂朋友九族也曰如斯而已乎曰脩己以安百姓脩己以安百姓堯舜其猶病諸孔安國曰病猶難也原壤夷俟馬融曰原壤魯人孔子故舊也夷踞也俟待也踞待孔子也子曰幼而不遜悌長而無述

焉老而不死是爲賊 賊爲賊害也 以杖

叩其脛 孔安國曰叩擊也脛脚脛也 闕黨童子

將命矣 馬融曰闕黨之童子將命者傳賓主之語出入之也

或問之曰益者與子曰吾見其居

於位也 童子隅坐無位成人乃有位也 見其與先

生並行也非求益者也欲速成者

也

包氏曰先生成人也並行不差在後也違禮欲速成者也則非求益者也

論語卷第七 經二千三百九十四字 注二千五百五十六字

七之六　廿六

論語衛靈公第十五　何晏集解　九卅章

衛靈公問陳於孔子　孔安國曰軍陳行列之法也

孔子對曰俎豆之事則嘗聞之矣　孔安國曰俎豆禮器也

軍旅之事未之學也　鄭玄曰万二千五百人爲軍五百人爲旅軍旅末事本末立則不可教以末事也

明日遂行在陳絶糧從

者病莫能興孔安國曰從者弟子也興起也孔子去衛如曹曹不容又之宋遭匡人之難又之陳會吳伐陳陳亂故乏食也子路慍見曰君子亦窮乎子曰君子固窮小人窮斯濫矣濫溢也君子固亦有窮時但不如小人窮濫溢為非也子曰賜也汝以予為多學而識之者與對曰然孔安

國曰孫謂多學而識之也非與孔安國曰問今不然邪也曰

非也予一以貫之善有元事有會天下殊塗而同歸百慮而一致知其元則衆善擧矣故不待多學一以知之也子

曰由知德者鮮矣王肅曰君子固窮而子路慍見故謂之少於知德者也子曰無爲而治者其

舜也與夫何爲哉恭己正南面而

已矣言任官得其人故無爲而治也子張問行子曰言忠信行篤敬雖蠻貊之邦行矣言不忠信行不篤敬雖州里行乎哉鄭玄曰万二千五百家爲州五家爲隣五隣爲里行乎哉言不可行也立則見其參然於前也在輿則見其倚於衡也夫然後行也

苞氏曰衡軛也言思念忠信立則常想見參然在前在輿則見倚衡軛也

子張書諸紳孔安國曰紳大帶也

子曰直哉史魚孔安國曰衛大夫史鰌也邦有道如矢邦無道如矢孔安國曰有道無道行直如矢不曲也君子哉蘧伯玉邦有道則仕邦無道則可卷而懷也苞氏曰卷而懷謂不與時政柔

順不忤於人也子曰可與言而不與言失
人。不可與言而與言之失言知者
不失人。亦不失言。子曰志士仁人
無求生以害仁有殺身以成仁孔安
國曰無求生而害仁死而後成仁則志士仁人不變其身也子
貢問為仁子曰工欲善其事必先

利其器居是邦也事其大夫之賢

者友其士之仁者也　孔安國曰言工以利器爲用人以賢友爲助也

顔淵問爲邦子曰行夏之時　據見万物之生以爲四時之始取其易知也

乘殷之輅　馬融曰殷車曰大輅左傳曰大輅越席昭其儉也

服周之冕　苞氏曰冕禮冠也周之禮文而備也取其黈纊塞耳

不任視聽也樂則韶舞韶舜樂也盡善盡美故取之

放鄭聲遠佞人鄭聲淫佞人殆孔安

國曰鄭聲佞人亦俱能感人心與雅樂賢人同而使人淫乱危殆故

當放遠也子曰人而無遠慮必有近憂

子曰已矣乎吾未見好德如好色

者也子曰臧文仲其竊位者與知

柳下惠之賢而不與立也孔安國曰柳下惠展禽也知其賢而不舉爲竊位也子曰躬自厚而薄責於人則遠怨矣孔安國曰自責己厚責人薄所以遠怨咎也子曰不曰如之何孔安國曰不曰如之何者猶不曰奈是何也如之何者吾末如之何也已矣孔安國曰如之何者言禍難已成吾

亦無如之何也子曰群居終日言不及義
好行小慧難矣哉鄭玄曰小慧謂小小才知也難
矣哉言終無成也子曰君子義以爲質禮
以行之遜以出之信以成之君子
哉子曰君子病無能焉不病人之
不已知也子曰君子疾沒世而名

不稱焉　疾猶病也　子曰君子求諸己小

人求諸人　君子責己小人責人也　子曰君子

矜而不爭　包氏曰矜矜莊也　群而不黨　孔安國曰黨助也君子雖衆不相私助義之與比之也　子曰君

子不以言舉人　包氏曰有言者不必有德故不可以言舉人也　不以人廢言子貢問曰有一

言而可以終身行者乎子曰其恕乎己所不欲勿施於人也子曰吾之於人也誰毀誰譽如有可譽者其有所試矣

包氏曰所譽輙試以事不虚譽而已矣

斯民也三代之所以直道而行也

馬融曰三代夏殷周也用民如此無所阿私所以云直道而行也

子曰吾猶及史之闕文也包氏曰古之史於書字有疑則闕之以待知者也有馬者借人乘之今則亡矣夫包氏曰有馬不能調良則借人使習之孔子自謂及見其人如此至今無有矣言此者以俗多穿鑿也

子曰巧言亂德小不忍亂大謀孔安國曰巧言利口則亂德義小不忍則亂大謀也子曰衆惡

之。必察焉。衆好之必察焉王肅曰或衆阿黨比周或其人特立不羣故好惡不可不察也子曰人能弘道非道弘人也材大者道隨大材小者道隨小故不能弘人也子曰過而不改是謂過矣子曰吾嘗終日不食終夜不寢以思無益不如學也子曰君子謀道不謀食耕也餒在其中矣學也祿在其中矣君子憂道不憂貧也鄭玄曰餒餓也言人雖念耕而不學故飢餓學則得祿雖不耕而不飢勸人學也子曰知及之仁不能守之雖得之必失之苞氏曰知能及治其官而仁不能守雖得之必失之也知及之仁能守之不莊以

涖之則民不敬苞氏曰不嚴以臨之則民不敬從上

也知及之仁能守之莊以涖之動

之不以禮未善也王肅曰動必以禮然後善也

子曰君子不可小知而可大受也

小人不可大受也而可小知也君子

之道深遠不可以小了知而可大

受也小人之道淺近可以小了知

而不可大愛也子曰民之於仁也甚於水
火馬融曰水火與仁皆民所仰而生者也仁最為甚也水火
吾見蹈而死者矣未見蹈仁而死
者也馬融曰蹈水火或時殺人蹈仁未嘗殺人也子曰
當仁不讓於師孔安國曰當行仁之事不復讓於師
行仁急也子曰君子貞而不諒孔安國曰貞正

也諒信也君子之人正其道耳言不必信也子曰事君

敬其事而後其食孔安國曰先盡力然後食祿也

子曰有教無類馬融曰言人在見教無有種類也

子曰道不同不相為謀子曰辭達

而已矣凡事莫過於實足也辭達則足矣不煩文艷之辭也

師冕見孔安國曰師樂人盲者也名冕也及階子

曰階也及席子曰席也皆坐子告之曰某在斯某在斯孔安國曰歷告以坐中人姓字及所在處也師冕出子張問曰與師言之道與子曰然固相師之道也馬融曰相導也

論語季氏第十六　何晏集解　凡十四章

季氏將伐顓臾冉有季路見於孔

子曰季氏將有事於顓臾孔安國曰顓臾宓羲之後風姓之國本魯之附庸當時臣屬魯季氏貪其地欲滅而有之冉有與季路為季氏臣來告孔子也孔子曰求無

乃爾是過與孔安國曰冉求為季氏宰相其室為之聚斂故孔子獨疑求教也夫顓臾昔者先王以

為東蒙主孔安國曰使主祭蒙山也且在邦域
之中矣孔安國曰魯七百里之邦顓臾為附庸在其域中也
是社稷之臣也何以為伐也孔安國曰
已屬魯為社稷之臣何用滅之為也冉有曰夫子欲
之吾二臣者皆不欲也孔安國曰歸咎於季
氏也孔子曰求周任有言曰陳力就

列。不能者止馬融曰周任古之良吏也言當陳才事度己所任以就其位不能則當止也危而不持顛而不扶。則將焉用彼相矣苞氏曰言輔相人者當持危扶顛若不能何用相為也且爾言過矣虎兕出於柙龜玉毀櫝中是誰之過與馬融曰柙檻也櫝櫝也非典守者之過邪也冉有曰今夫顓臾固而近於費馬融曰固謂城郭完堅兵甲利也費季氏之邑也今不取後世必為子孫憂孔子曰求君子疾夫孔安國曰疾如汝之言也舍曰欲之而必更為之辭孔安國曰舍其貪利之說更作佗辭是所疾也丘也聞有國有家者不患寡而患不均孔安國曰

國者諸侯家者卿大夫也不患土地人民之寡少患政治之不均平

不患貧而患不安孔安國曰憂不能安民耳民安

則國富也

蓋均無貧和無寡安無傾苞氏

曰政教均平則不患貧矣上下和同不患寡矣小大安寧不傾危也矣

夫如是故遠人不服則修文德以

來之既來之則安之今由與求也

相夫子遠人不服而不能來也邦

分崩離析而不能守也孔安國曰民有異心曰分欲去曰崩不可會聚曰離析也而謀動干戈於

邦内孔安國曰干楯也戈戟也吾恐季孫之憂

不在於顓臾而在蕭牆之内也鄭玄曰蕭之言肅也蕭牆謂屏也君臣相見之禮至屏而加肅敬焉是以

謂之蕭牆後季氏之家臣陽虎果囚季桓子也孔子曰天下有道則禮樂征伐自天子出天下無道則禮樂征伐自諸侯出自諸侯出蓋十世希不失矣孔安國曰希少也周幽王為犬戎所殺平王東遷周始微弱諸侯自作禮樂專征伐始於隱公至昭公十世失政死於乾侯也自大夫出五

世希不失矣孔安國曰季文子初得政至桓子五世為家臣陽虎所囚也陪臣執國命三世希不失矣馬融曰陪重也謂家臣也陽氏為季氏家臣至虎三世而出奔齊也天下有道則政不在大夫孔安國曰制之由君也天下有道則庶人不議孔安國曰無所非議也孔子曰祿之去公室

五世矣鄭玄曰言此之時魯定公之初也魯自東門襄仲殺文公之子赤而立宣公於是政在大夫爵祿不從君出至定公為五世也

政逮大夫四世矣鄭玄曰文子武子悼子平子也

故夫三桓之子孫微矣孔安國曰三桓者謂仲孫叔孫季孫也三卿皆出桓公也故曰三桓也仲孫氏改其氏稱孟氏至哀公皆衰也

孔子曰益者三友損

者三友。友直。友諒。友多聞。益矣。友

便辟馬融曰便巧辟人所忌以求容媚也友善柔馬融

曰面柔也友便佞損矣鄭玄曰便辨也謂佞而辨也

孔子曰益者三樂。損者三樂。樂節

禮樂動得禮樂之節也樂道人之善。樂多

賢友。益矣。樂驕樂孔安國曰恃尊貴以即恣也樂佚遊王肅曰佚遊出入不知節也樂宴樂損矣孔安國曰宴樂沈荒淫瀆也三者自損之道也孔子曰侍於君子有三愆孔安國曰愆過也言未及之而言謂之躁鄭玄曰躁不安靜也言及之而不言謂之隱孔安國曰隱匿不盡情實也未見顏色而言謂之瞽周生烈曰未見君子顏色

所趣向而便遜先意語者猶瞽者也孔子曰君子有三戒少之時血氣未定戒之在色及其壯也血氣方剛戒之在鬭及其老也血氣既衰戒之在得孔安國曰得貪得也孔子曰君子有三畏畏天命順吉逆凶天之命也畏大人大人即聖人與天地合其德者

也

畏聖人之言深遠不可易知則聖人之言也小

人不知天命而不畏也恢疏故不知畏也

狎大人直而不肆故狎之也侮聖人之言不可

小知故侮之也孔子曰生而知之者上也

學而知之者次也困而學之又其

次也孔安國曰困謂有所不通之也困而不學民

斯為下矣孔子曰君子有九思視

思明聽思聰色思溫貌思恭言思

忠事思敬疑思問忿思難見得思

義孔子曰見善如不及見不善如

探湯吾見其人矣吾聞其語孔安國曰

探湯喻去惡疾也隱居以求其志行義以

達其道。吾聞其語矣。未見其人也。齊景公有馬千駟。死之日。民無得而稱焉。孔安國曰千駟四千匹也伯夷叔齊餓于首陽之下。馬融曰首陽山在河東蒲坂華山之北河曲之中也民到于今稱之。其斯謂與。王肅曰此所謂以德為稱者也陳亢問於伯魚曰。子亦有異聞乎馬融曰以爲伯魚孔子之子所聞當有異也對曰未也嘗獨立孔安國曰獨立謂孔子也鯉趨而過庭曰學詩乎對曰未也曰不學詩無以言也鯉退而學詩他日又獨立鯉趨而過庭曰學禮乎對曰未也不學禮無以立也鯉

退而學禮聞斯二矣陳亢退喜曰
問一得三聞詩聞禮又聞君子之
遠其子也邦君之妻君稱之曰夫
人夫人自稱曰小童邦人稱之曰
君夫人稱諸異邦曰寡小君異邦
人稱之亦曰君夫人也孔安國曰小君君夫

人之稱也對異邦謙故曰寡小君
當此時諸侯嫡妾不正稱號不審
故孔子正
言其禮也

論語卷第八

經一千七百七十四字
注一千九百七十字

論語陽貨第十七　何晏集解　凡廿四章

陽貨欲見孔子，孔子不見。孔安國曰：陽貨，陽虎也。季氏家臣而專魯國之政，欲見孔子，使仕也。歸孔子豚。孔安國曰：欲使往謝，故遺孔子豚也。孔子時其亡也，而往拜之，遇諸塗。孔安國曰：塗，道也。於道路與相逢也。謂孔子曰：來，予與爾言。曰：懷

其寶而迷其邦。可謂仁乎。曰不可
馬融曰言孔子不仕是懷寶也知國不治而不為政是迷邦也好
從事而亟失時。可謂智乎。曰不可
孔安國曰言孔子栖栖好從事而數不遇失時不為有智也曰
月逝矣。歲不我與
馬融曰年老歲月已往當急仕也
孔子曰諾。吾將仕矣
孔安國曰以順辭免也

論語 九卷二

害也

子曰性相近也習相遠也孔安國曰君子慎所習也子曰唯上智與下愚不移孔安國曰上智不可使強為惡下愚不可使強賢也子之武城聞絃歌之聲孔安國曰子游為武城宰夫子莞爾而笑莞爾小笑貌曰割雞焉用牛刀孔安國曰言治小何須用大道子游對曰昔者

偃也。聞諸夫子。曰。君子學道。則愛人。小人學道則易使。孔安國曰道禮樂也樂以和人人和則易使也子曰二三子孔安國曰從行者也偃之言是也前言戲之耳孔安國曰戲以治小而用大道公山不擾以費畔召子欲徃孔安國曰不擾爲季氏宰與陽虎共執季桓子而召孔子也子路不悅曰末之也已何必公山氏之之也孔安國曰之適也無可之則止耳何必公山氏之適子曰夫召我者而豈徒哉如有用我者吾其為東周乎興周道於東方故曰東周子張問仁於孔子孔子對曰能行五者於天下為仁矣請問之曰

恭寬信敏惠。恭則不侮孔安國曰不見侮慢也寬則得衆。信則人任焉。敏則有功孔安國曰應事疾則多成功也惠則足以使人

佛肸召子欲往孔安國曰晉大夫趙簡子之邑宰子路曰昔者由也聞諸夫子曰親於其身為不善者君子不入不入其國

佛肸以中牟叛。子之往也，如之何。子曰：然。有是言。曰：不曰堅乎，磨而不磷。不曰白乎，涅而不緇。孔安國曰：磷，薄也。涅可以染皁者。言至堅者磨之而不薄，至白者染之涅不黒。君子雖在濁亂，濁亂不能汚也。吾豈匏瓜也哉。焉能繫而不食。匏，瓠也。言瓠匏瓜得繫一處者，不食故也。吾自食物當東西南北不得如不食之物繫滯一處也子曰由也汝聞六言六蔽矣乎六言六蔽下六事謂仁智信直勇剛也對曰未也居吾語汝孔安國曰子路起對故使還坐也好仁不好學其蔽也愚孔安國曰仁者愛物不知所以裁之則愚好知不好學其蔽也蕩孔安國曰蕩無所適守也好信

不好學其蔽也賊孔安國曰父子不知相為隱之輩好直不好學其蔽也絞好勇不好學其蔽也亂好剛不好學其蔽也狂孔安國曰狂妄抵觸人子曰小子何莫學夫詩包氏曰小子門人也詩可以興孔安國曰興引譬連類可以觀鄭玄曰觀觀風俗之盛衰可以

羣孔安國曰君羣居相切磋也可以怨孔安國曰怨刺上政

邇之事父遠之事君孔安國曰邇近也多

識於鳥獸草木之名子謂伯魚曰

女爲周南邵南矣乎人而不爲周

南邵南其猶正牆面而立也與馬融

曰周南邵南國風之始淑女以配君子三綱之首王教之端故人而

不為如向牆而立

子曰禮云禮云玉帛云乎哉鄭玄曰玉珪璋之屬帛束帛之屬言禮非但崇此玉帛而已所貴者乃貴其安上治民也樂云樂云鐘鼓云乎哉馬融曰樂之所貴者移風易俗非謂鐘鼓而已也

子曰色厲而内荏孔安國曰荏柔也謂外自矜厲而内柔佞者譬諸小人其猶穿窬之盗也

興孔安國曰爲人如此猶小人之有盜心穿穿壁窬窬牆之也

子曰鄉原德之賊也周生烈曰所至之鄉輒原其人情而爲己意以待之是賊亂德者也一曰鄉向也古字同謂人不能剛毅而見人輒原其趣向容媚而合之言此所以賊德也

子曰道聽而塗說德之棄馬融曰聞之於道路則傳而記之

子曰鄙夫可與事君哉孔安

國曰言不可與事君其未得之患得之患得之者患不能得之楚俗言既得之患失之苟患失無所不至矣鄭玄曰無所不至者言邪媚無所不為也

子曰古者民有三疾今也或是之亡也苞氏曰言古者民疾與今時異也古之狂也肆苞氏曰肆極意敢言也今之狂也蕩孔安國曰

蕩無所據古之矜也廉馬融曰有廉隅也今之矜也忿戾孔安國曰惡理多怒古之愚也直今之愚也詐而已矣子曰惡紫之奪朱孔安國曰朱正色紫閒色之好者惡其邪好而奪正色惡鄭聲之亂雅樂苞氏曰鄭聲淫聲之哀者惡其奪雅樂也惡利口之覆邦家孔安國曰利口之人

多言少實者能悅媚時君傾覆其國家也子曰予欲無言子貢曰子如不言則小子何述焉言之為益少故欲無言也子曰天何言哉四時行焉百物生焉天何言哉孺悲欲見孔子孔子辭之以疾將命者出戶取瑟而歌使之聞之孺悲魯人也孔

子不欲見故辭以疾爲其將命者不知已故歌令將命者悟所以令孺悲思也

宰我問三年之喪期已久矣。君子三年不爲禮禮必壞三年不爲樂樂必崩舊穀既沒新穀既升鑽燧改火期可已矣

馬融曰周書月令有更火春取榆柳之火夏取棗杏之火季夏取桑柘之火秋取柞楢之火冬

取槐檀之火一年之中鑽火各異木故曰改火也子曰食夫稻也衣夫錦也於女安乎曰安之女安則為之夫君子之居喪食旨不甘聞樂不樂居處不安故不為也今女安則為之孔安國曰旨美也責其無仁於親故再言女安則為之宰我出子曰予之不

仕也子生三年，然後免於父母之懷（馬融曰：子生未三歲，為父母所懷抱也）。夫三年之喪，天下之通喪也（孔安國曰：自天子達於庶人）。予也有三年之愛於其父母乎（孔安國曰：言子之於父母，欲報之德，昊天罔極，而予也有三年之愛也）。

子曰：飽食終日，無所用心，難矣哉！

不有博弈者乎為之猶賢乎已為其無所據樂善生淫慾子路曰君子尚勇乎子曰君子義以為上君子有勇而無義為亂小人有勇而無義為盜子貢問曰君子亦有惡乎子曰有惡惡稱人之惡者苞氏曰好稱說人惡所以為惡也

惡居下流而訕上者孔安國曰訕謗毀也惡勇而無禮者惡果敢而窒者馬融曰窒窒塞也曰賜也亦有惡也惡徼以為智者孔安國曰徼抄也抄人之意以為己有惡不遜以為勇者惡訐以為直者苞氏曰訐謂攻發人之陰私子曰唯女子與小人為難

養也近之則不遜遠之則怨子曰年四十而見惡焉其終也已鄭玄曰年在不惑而為人所惡終無善行也

論語微子第十八　何晏集解　凡十一章

微子去之箕子為之奴比干諫而死馬融曰微箕二國名子爵也微子紂之庶兄箕子比干紂之諸

父也微子見紂無道早去之箕子詳狂爲奴比干以諫而見殺也

孔子曰殷有三仁焉仁者愛人三人行各異而同稱仁以其俱在憂亂寧民也

柳下惠爲士師孔安國曰士師典獄之官三黜人曰子未可以去乎曰直道而事人焉往而不三黜孔安國曰苟直道以事人所至之國俱當復三黜枉道而

事人何必去父母之邦齊景公待孔子曰若季氏則吾不能以季孟之間待之孔安國曰魯三卿季氏為上卿最貴孟氏為下卿不用事言待之以二者之間曰吾老矣不能用也孔子行以聖道難成故云吾老矣不能用齊人歸女樂季桓子受之三日不朝孔子

行孔安國曰桓子季孫斯也使定公受齊之女樂君臣相與觀之廢朝禮三日也楚狂接輿歌而過孔子之門孔安國曰接輿楚人也佯狂而來歌欲以感切孔子曰鳳兮鳳兮何德之衰也孔安國曰比孔子於鳳鳥也鳳鳥待聖君而乃見非孔子周行求合故曰衰之也往者不可諫也孔安國曰已往所行不可復諫止來者

猶可追也孔安國曰自今以来可追自止避亂隱居已

而已而今之從政者殆而孔安國曰已而

者言世亂已甚不可復治再言之者傷之甚也孔子下欲

與之言趨而避之不得與之言苞氏

曰下下車也長沮桀溺耦而耕孔子過

之使子路問津焉鄭玄曰長沮桀溺隱者也耜廣

五寸二耜為耦津濟渡處長沮曰夫執輿者為誰子路曰為孔丘曰是魯孔丘與對曰是也曰是知津矣馬融曰言數周流自知津處也問於桀溺桀溺曰子為誰曰為仲由曰是魯孔丘之徒與對曰然曰滔滔者天下皆是也而誰以

易之孔安國曰滔滔者周流之貌也言當今天下治亂同空舍此適彼故曰誰以易之
且而與其從避人之士豈若從避世之士哉士有避人之法有避世之法長沮桀溺謂孔子為士從避人之法也已為士則從避世之法也
耰而不輟鄭玄曰耰覆種也輟止也覆種不止不以津告也
子路行以告夫子憮然為其不達

已意而便非已也曰鳥獸不可與同羣也孔安國曰隱居於山林是與鳥獸同羣吾非斯人之徒與而誰與孔安國曰吾自當與此天下人同羣安能去人從鳥獸居乎天下有道丘不與易也孔安國曰言凡天下有道者丘皆不與易之也大而人小故也子路從而後遇丈人以杖荷蓧苞氏曰丈

人老者也蓧竹器名也子路問曰子見夫子
乎丈人曰四體不勤五穀不分孰
為夫子苞氏曰丈人曰不勤勞四體不分殖五穀誰為夫子
而索之耶植其杖而芸孔安國曰植倚也除草曰芸
子路拱而立未知所以答也止子路宿殺
雞為黍而食之見其二子焉明日

子路行以告。子曰：隱者也。使子路反見之。至則行矣。孔安國曰：子路反至其家，丈人出行不在。子路曰：不仕無義。鄭玄曰：留言以語丈人之二子也。長幼之節，不可廢也。君臣之義，如之何其可廢也。孔安國曰：言女知父子相養不可廢，反可廢君臣之義耶。欲潔其身而亂大倫苞氏曰倫道也理也君子之仕也行其義也道之不行也已知之矣苞氏曰言君子之仕所以行君臣之義也不自必道得行孔子道不見用自已知之也

逸民伯夷叔齊虞仲夷逸朱張柳下惠少連逸民者節行超逸者包氏曰此七人皆逸民之賢者也

子曰不降其志不辱其

身者伯夷叔齊與鄭玄曰言其直已之心不入庸君之朝

謂柳下惠少連降志辱身矣

言中倫行中慮其斯而已矣孔安國曰但能言應倫理行應思慮若此而已

謂虞仲夷逸隱居放言苞氏曰放置也置不復言世務也

身中清廢中權馬融曰清純潔也遭世亂身自廢棄以免患合於權也

我則異於是，無可無不可。（馬融曰：亦不必進，亦不必退，唯義所在。）

大師摯適齊，亞飯干適楚，（孔安國曰：亞，次也。次飯，樂師也。摯、干皆名也。）三飯繚適蔡，四飯缺適秦，（苞氏曰：三飯、四飯，樂章名也，各異師。繚、缺皆名。）鼓方叔入于河，（苞氏曰：鼓，擊鼓者。方叔，名也。入，謂居其河內也。）播鞀[徒刀切]武入于漢，（孔安國曰播猶揺也武名也少師陽擊磬襄入于海孔安國曰魯哀公時禮毀樂崩樂人皆去陽襄皆名周公語魯公孔安國曰魯公周公之子伯禽封於魯曰君子不施其親孔安國曰施易也不以他人易其親也不使大臣怨乎不以孔安國曰以用也怨不見聽用故舊無大故則不棄也毋求備

於一人孔安國曰大故謂惡逆之事周有八士

伯達伯适仲突仲忽叔夜叔夏季隨季騧苞氏曰周時四乳得八子皆爲顯士故記之

論語卷第九　經一千六百五十字　注一千七百七十八字

論語子張第十九　何晏集解　九廿四章　九廿五章

子張曰士見危致命 孔安國曰致命不愛其身也

見得思義祭思敬喪思哀其可已矣

子張曰執德不弘信道不篤焉能爲有焉能爲亡 孔安國曰言無所輕重也

子夏之門人問交於子張 孔安國曰問問

與人交接之道也子張曰子夏云何對曰

子夏曰可者與之其不可者距之

子張曰異乎吾所聞也君子尊賢

而容衆嘉善而矜不能我大賢與

於人何所不容我不賢與人將距

我如之何其距人也苞氏曰友交當如子夏汎交

交當如子張也子夏曰雖小道必有可觀者焉小道謂異端也致遠恐泥包氏曰泥難不通也是以君子不為也子夏曰日知其所亡孔安國曰日知其所未聞也月無忘其所能可謂好學也已矣子夏曰博學而篤志孔安國曰博學而厚識也切問而近思

切問者切問於己所學而未竊之
事也近思者近思己所能及之事
也汎問所未學遠思所未達則於
所習者不精於所思者不解之
仁在其中矣子夏曰百工居肆以
成其事君子學以致其道 包氏曰
言百工
處其肆則事成猶君
子學以立其道也 子夏曰小人
之過也必文 孔安國曰文飾其
過不言其情實也 子

夏曰君子有三變望之儼然即之也溫聽其言也厲鄭玄曰厲嚴正也子夏曰君子信而後勞其民未信則以爲厲己也王肅曰厲病也信而後諫未信則以爲謗己矣子夏曰大德不踰閑孔安國曰閑猶法也小德出入可也孔安國曰

十三

小德不能不踰法故曰出入可也子游曰子夏之門人小子當洒掃應對進退則可矣抑末也本之則無如之何苞氏曰言子夏弟子於當對賓客脩威儀禮節之事則可然此但是人之末事耳不可無其本也故云本之則無如之何也子夏聞之曰噫孔安國曰噫心不平之聲也言游過矣君

子之道孰先傳焉孰後倦焉苞氏曰言先傳大業者必厭倦故我門人先教以小事後將教以大道也譬諸草木區以別矣馬融曰言大道與小道殊異譬如草木異類區別言學當以次也君子之道焉可誣也馬融曰君子之道焉可使誣言我門人但能洒掃而已也有始有卒者其唯聖人乎孔安國曰終始

如一唯聖人耳也子夏曰仕而優則學馬融曰行有餘力則以學文也學而優則仕子游曰喪致乎哀而止孔安國曰毀不傷性也子游曰吾友張也爲難能也苞氏曰言子張容儀之難及也然而未仁曾子曰堂堂乎張也難與並爲仁矣鄭玄曰言子張容儀盛而於仁

道薄也曾子曰吾聞諸夫子人未有自致也者必也親喪乎馬融曰言人雖未能自致盡於他事至於親喪必自致盡也曾子曰吾聞諸夫子孟莊子之孝也其他可能也其不改父之臣與父之政是難能也馬融曰孟莊子魯大夫仲孫速也謂在諒闇之中父臣及父政

雖不善者不忍殺也孟氏使陽膚爲士師苞氏曰陽膚曾子弟子也士師典獄官也問於曾子曾子曰上失其道民散久矣如得其情則哀矜而勿喜馬融曰民之離散爲輕漂犯法乃上之所爲也非民之過也當哀矜之勿自喜能得其情也子貢曰紂之不善也不如是之甚也是

以君子惡居下流天下之惡皆歸焉孔安國曰紂爲不善以喪天下後世憎甚之皆以天下之惡歸之於紂也子貢曰君子之過也如日月之蝕也過也人皆見之更也人皆仰之孔安國曰更改也衛公孫朝馬融曰朝衛大夫也問於子貢曰仲尼焉學子貢曰

文武之道未墜於地。在人。賢者識其大者。不賢者識其小者。莫不有文武之道焉。夫子焉不學孔安國曰文武之道未墜落於地。賢與不賢。各有所識。夫子無所不從學也而亦何常師之有孔安國曰無所不從學。故無常師也

叔孫武叔。語大夫於朝馬融曰魯大夫叔孫

（州仇也 武謚也）曰子貢賢於仲尼子服景伯以告子貢子貢曰譬諸宮牆也賜之牆也及肩闚見室家之好夫子之牆也數仞不得其門而入者不見宗廟之美百官之富得其門者或寡矣（苞氏曰七尺曰仞也）夫子之云不

亦宜乎苞氏曰夫子謂武叔也叔孫武叔毀仲尼子貢曰無以爲也仲尼不可毀也他人之賢者丘陵也猶可踰也仲尼如日月也無得而踰焉人雖欲自絕也其何傷於日月乎多見其不知量也言人雖自欲絕棄於日月其何能傷

之手適自見不知量陳子禽謂子貢曰子爲恭也仲尼豈賢於子乎子貢曰君子一言以爲智一言以爲不智言不可不慎也夫子之不可及猶天之不可階而升也夫子得邦家者孔安國曰謂爲諸侯若卿大夫也所謂立之斯立

導之斯行綏之斯來動之斯和其生也榮其死也哀如之何其可及也

孔安國曰綏安之言孔子爲政其立教則莫不立導之則莫不興行也安之則遠者來至動之則莫不和穆也故能生則見榮顯死則見哀痛矣也

論語堯曰第二十　何晏集解　九三章

堯曰咨爾舜天之曆數在爾躬（曆數謂列次也）允執其中四海困窮天祿永終（苞氏曰允信也困極也永長也言爲政信執其中則能窮極四海天祿所以長終也）舜亦以命禹（孔安國曰舜亦以堯命已之辭命禹也）曰予小子履敢用玄牡敢昭告于皇皇后帝（孔安國曰履殷湯名也此

伐桀告天文也殷家尚白末變夏
禮故用玄牡也皇大也后君也大
大君帝謂天帝也墨子
引湯誓其辭若此也
有罪不敢
赦
苞氏曰順天奉法有
罪者不敢擅赦也
帝臣不蔽
簡在帝心
言桀居帝臣之位也有
罪過不可隱蔽已簡在
天心
也
朕躬有罪無以万方万方有
罪在朕躬
孔安國曰無以万方万方
方不與也万方有罪我

身之過也

周有大賚善人是富 周周家也賚賜也言周家受天大賜富於善人也有亂臣十人是也

雖有周親不如仁人 孔安國曰親而不賢不忠則誅管蔡是也仁人箕子微子來則用也

百姓有過在予一人

謹權量審法度修廢官四方之政行焉 苞氏曰權稱也量斗斛也

興滅國繼絕世

舉逸民天下之民歸心焉所重民

食喪祭孔安國曰重民國之本也重食民之命也重喪所以盡哀也重祭所以致敬也寬則得衆敏則有功。

公則民説孔安國曰言政教公平則民説矣凡此二帝三王所以治也故傳以示後世也子張問政於孔子

曰何如斯可以從政矣子曰尊五

美屏四惡斯可以從政矣孔安國曰屏除也子張曰何謂五美子曰君子惠而不費勞而不怨欲而不貪泰而不驕威而不猛子張曰何謂惠而不費子曰因民之所利而利之斯不亦惠而不費乎王肅曰利民在政無費於財也

擇其可勞而勞之又誰怨欲仁而
得仁又焉貪君子無衆寡無小大
無敢慢孔安國曰言君子不以寡小而慢也斯不亦
泰而不驕乎君子正其衣冠尊其
瞻視儼然人望而畏之斯不亦威
而不猛乎子張曰何謂四惡子曰

不教而殺謂之虐不戒視成謂之

暴馬融曰不宿戒而責目前成為視成也慢令致期

謂之賊孔安國曰與民無信而虛刻期也猶之與

人也出內之吝謂之有司孔安國曰謂財

物也俱當與人而吝嗇於出內惜難之此有司之任耳非人君之道

也

孔子曰不知命無以為君子也

孔安國曰命謂窮達之分也

不知禮無以立也

不知言無以知人也 馬融曰聽言則別其是非也

堺浦道祐居士重新命工鋟梓

正平甲辰五月吉日謹誌

論語卷第十

經一千二百二十三字

注一千一百七十五字

長享第三暦林鐘十八日

備皇竹園賜之可秘〻〻

亞相拾遺郎藤

此一部諸大外記師富朝臣〻訓説

并見合清家〻本〻属朱墨〻點〻

但合〻縁慮者也但以〻〻滋〻〻